LAB MANUAL - VIDEO MANUAL – WRITING ACTIVITIES

Wie geht's?

An Introductory German Course
Ninth Edition

Student Activities Manual (Arbeitsbuch)

Dieter Sevin
Vanderbilt University

Ingrid Sevin

HEINLE
CENGAGE Learning

Australia • Brazil • Japan • Korea • Mexico • Singapore • Spain • United Kingdom • United States

HEINLE
CENGAGE Learning™

For product information and technology assistance, contact us at
**Cengage Learning Customer & Sales Support,
1-800-354-9706**
For permission to use material from this text or product, submit all requests online at **www.cengage.com/permissions**
Further permissions questions can be emailed to
permissionrequest@cengage.com

ISBN-13: 978-1-4390-8400-7
ISBN-10: 1-4390-8400-9

Heinle
20 Channel Center Street
Boston, MA 02210
USA

Cengage Learning products are represented in Canada by Nelson Education, Ltd.

For your course and learning solutions, visit
www.cengage.com

Purchase any of our products at your local college store or at our preferred online store
www.CengageBrain.com

PHOTO CREDITS

p. 15 top Dieter & Ingrid Sevin; bottom © Cengage Learning   p. 27 Dieter & Ingrid Sevin   p. 28 © Cengage Learning   p. 35 Dieter & Ingrid Sevin   p. 36 © Cengage Learning   p. 38 Dieter & Ingrid Sevin   p. 41 Courtesy of Caroline Stoiber/Marché Restaurants   p. 55 Dieter & Ingrid Sevin   p. 56 © Cengage Learning   p. 58 Dieter & Ingrid Sevin   p. 63 top Dieter & Ingrid Sevin; bottom © Cengage Learning   p. 74 Dieter & Ingrid Sevin   p. 75 © Cengage Learning   p. 77 Dieter & Ingrid Sevin   p. 83 Courtesy of Caroline Stoiber/Marché Restaurants   p. 84 © Cengage Learning   p. 88 Carola Koserowsky / PhotoLibrary   p. 91 INTER NATIONES   p. 105 Image copyright soft. Used under the license from Shutterstock.com   p. 107 Image copyright Holger Mette. Used under license from Shutterstock.com   p. 108 © Cengage Learning   p. 111 Ingolf Pompe / PhotoLibrary   p. 119 Dieter & Ingrid Sevin   p. 120 © Cengage Learning   p. 124 Agnes Wenker   p. 125 top left Alan Veldenzer / PhotoLibrary; top right CARO / Riedmiller / ullstein bild; bottom left Schöning / ullstein bild; bottom right Behrendt / contrast / ullstein bild   p. 131 top Britain on View / PhotoLibrary; bottom © Cengage Learning   p. 136 Dieter & Ingrid Sevin   p. 138 Dieter & Ingrid Sevin   p. 141 top Image copyright Lisa Eastman. Used under license from Shutterstock.com; bottom © Cengage Learning   p. 167 top Dieter & Ingrid Sevin; bottom © Cengage Learning   p. 174 Nick Leusel   p. 177 Dieter & Ingrid Sevin   p. 178 © Cengage Learning   p. 187 top Image copyright kentoh. Used under license from Shutterstock.com; bottom © Cengage Learning   p. 191 Dieter & Ingrid Sevin   p. 193 aus dem Buch „Zweihundert deutsche Männer in Bildnissen und Lebensbeschreibungen", herausgegeben von Ludwig Bechstein   p. 194 Walter Bibikow / PhotoLibrary   p. 198 top Library of Congress Prints & Photographs Division, [LC-DIG-hec-28667]; bottom © Cengage Learning   p. 203 Image copyright Petronilo G. Dangoy Jr. Used under license from Shutterstock.com

Printed in the United States of America
1 2 3 4 5 6 7 14 13 12 11 10

Contents

Preface

Introduction

The *Arbeitsbuch* Student Activities Manual (SAM) to accompany *Wie geht's?*, Ninth Edition, contains additional activities for each chapter in your textbook. Note that the dialogues *(Gespräche)* and reading passages *(Lesetexte)* in the *Arbeitsbuch* are the same as those in your textbook. However, the listening comprehension sections *(Verstehen Sie?)* are quite different from those *(Hörverständnis)* in your textbook. Each chapter of the *Arbeitsbuch* has three parts: (1) *Zum Hören*, a lab manual to be completed at home or in the language lab, (2) *Video-Interviews*, a video manual to accompany the supplementary interviews, and (3) *Zum Schreiben*, a section with various writing activities.

Zum Hören

The listening activities in this section are to be used in conjunction with the SAM Audio Program. In the *Schritte*, the dialogues *(Gespräche)* are read for your listening pleasure. Starting with *Kapitel 1*, you are asked to pause and repeat each sentence at your own pace. When the second dialogue is read again, the lines of one of the characters are omitted and you are asked to take an active part in the dialogue by reading those missing lines. The *Aussprache* pronunciation section offers practice for individual sounds and also helps to distinguish between similar English and German sounds. The *Struktur* grammar section provides supplementary exercises that progress from simple to more complex. These are four-phased: after the task has been set and you have given your answer, the correct response is provided, followed by a pause so you can repeat it. The exercises follow the sequence of their grammatical presentation in the textbook. The *Lesetext* section lets you listen to the reading passage of the main text. The *Diktat* that follows is based on the reading text and lets you check your comprehension and writing skills. The *Verstehen Sie?* section gives you yet another chance to develop your listening-comprehension skills. Answers to the *Gespräche, Aussprache, Diktat* and *Verstehen Sie?* sections are provided in the SAM Audio Script and Answer Key booklet.

Video-Interviews

Each interview is supplementary to the video presented in the *Medien* section of each textbook chapter. The *Wie geht's?*, Ninth Edition video program consists of two parts: *Video-Szenen* and *Video-Interviews*. *Video-Szenen* present authentic footage taken in Germany, Austria, and Switzerland that reflects the chapter topic. In the *Video-Interviews* you can listen to a variety of speakers who respond to a question on a chapter topic. For each part, there is a brief listing of vocabulary words anticipated in the segment *(Zum Erkennen)*, followed by various activities. All video activities are intended to stimulate spontaneous conversation in the classroom, thereby recycling vocabulary and structures from the main text in an interactive manner. Answers to the video manual activities can be found at the end of the SAM Audio Script and Answer Key booklet.

Zum Schreiben

The writing activities for each *Schritt* and *Kapitel* as well as for the *Rückblick* review chapters focus on building vocabulary, practicing structures, developing comprehension, and providing cultural enrichment. Visuals are used to encourage personal expression. Answers to the *Zum Schreiben* sections can be found in the SAM Audio Script and Answer Key booklet. Answers for the *Rückblicke* review chapters are printed at the end of the *Arbeitsbuch*.

Types of Activities

In the *Arbeitsbuch*, you will find a wide variety of activities that will help you develop your skills in speaking, reading, writing, and listening in the German language. The *Gespräche* activities invite you to play a role in the dialogues presented in your textbook. Vocabulary-expansion exercises help you make the most of the *Wortschatz* material, and activities tied to the video and topical themes of each chapter will help you explore German culture and everyday life. The *Verstehen Sie?* section strengthens your listening and comprehension skills. The *Diktate* sections aid your writing skills. Additional self-assessment quizzes can be found on the *Wie geht's?* website at **www.cengage.com/german/wiegehts.**

Contents of the SAM Audio Program

The location of the listening material on the CDs is marked at the beginning of the various sections.

To the Student

Learning a foreign language is more like learning to play tennis or the piano than like studying history. You need to take advantage of every opportunity to practice your emerging skills. The language lab is one of the ways in which you can increase practice time. Make intelligent and conscientious use of it. Working in the lab can improve your ability to understand spoken German, to pronounce German correctly, to speak more fluently, even to spell correctly. It will help you make the material your own by involving your motor memory. Using your facial muscles and your vocal cords for speaking, and your hands for writing, you increase fourfold your chances of remembering a word, an ending, or a sentence pattern.

Acquaint yourself thoroughly with the setup of your language lab: find out what services are available and what operations the lab equipment permits—for example, can you record yourself and play your responses back? If you have problems with the equipment, the CDs, or any aspect of the program, speak with the lab personnel or your instructor. Using the lab frequently and for short periods produces better results than concentrating your practice in a few long sessions. Be an active user: speak, listen, repeat, and write. Letting the recording play while you think of other things is not sufficient. Know what you are saying—don't just repeat mechanically.

The patterns in all the *Schritte* and all the *Kapitel* are identical:

- The first part of each chapter is the lab manual *(Zum Hören)* that will guide you through each session. Series of small dots (...... ......) let you know how many responses there are in each exercise. Each *Kapitel* session ends with a recording of the reading text, a dictation taken from the reading, and a supplementary listening-comprehension section. Listen to the recording while reading along in the main text or, better yet, listen to it without looking at the text, to improve your aural skills.
- The second part of each chapter is the video manual *(Video-Interviews)* that lets you meet real people, and provides authentic cultural background of life in the German-speaking countries as well as suggestions for spontaneous follow-up conversation in the classroom.
- The third part of each chapter is the writing section *(Zum Schreiben)*, with writing activities that provide an opportunity to expand and review your vocabulary and to practice and review new grammar structures.

For additional vocabulary and grammar review, read the *Rückblicke* sections following the *Schritte* as well as *Kapitel* 3, 7, 11, and 15. An *Answer Key* for the accompanying exercises is printed in the back of the *Arbeitsbuch*. For additional practice of pronunciation, listen to the Summary of Pronunciation *(Zur Aussprache)* recorded on the first CD and printed in the beginning of the *Arbeitsbuch*.

We wish you success in your first year of German. Using the SAM Audio Program, the video activities, the writing exercises, and the Summary of Pronunciation will increase your chances for learning the language well.

Zur Aussprache *(Summary of Pronunciation)*

Pronunciation is a matter of learning not just to hear and pronounce isolated sounds or words, but to understand entire phrases and sentences, and to say them in such a way that a native speaker of German can understand you. You will need to practice this continuously as you study German.

This section summarizes and reviews the production of individual sounds. We have tried to keep it simple and nontechnical, and to provide ample practice of those German sounds that are distinctly different from American English. Often we have used symbols of pronunciation in a simplified phonetic spelling. Upon completing this section, you should hear the difference between somewhat similar English and German words (*builder* / **Bilder**) and between somewhat similar German words (**schon** / **schön**).

To develop good German pronunciation—or at least one without a heavy American accent—you will have to keep three things in mind: First, you must resist the temptation of responding to German letters with American sounds. Second, at the outset you will probably feel a bit odd when speaking German with a truly German accent; however, nothing could give you a better start in your endeavor. (Imposing a German accent on your English may be hilarious, but it is also very good practice!) Third, you will have to develop new muscular skills. Germans move their jaws and lips more vigorously and articulate more precisely than Americans. After a good practice session your face should feel the strain of making unaccustomed sounds.

We will point out those cases where English sounds are close enough to German to cause no distortion. However, we purposely avoid trying to derive German sounds from English because such derivations often do more harm than good. Listen carefully to your instructor and the tape or CD. If you can record your own voice in the language lab, do so, and compare how you sound with the voice of the native speaker. With patience and practice, you should be able to develop new speech habits quite rapidly. You will also find that German spelling reflects pronunciation very well.

I. Word Stress

In both English and German, one syllable of a word receives more stress than others. In English, stress can even signal the difference between two words (*ob'ject* / *object'*). In native German words, the accent is on the stem of the word, which is usually the first syllable (**Hei'rat, hei'raten**) or the syllable following an unstressed prefix (**verhei'ratet**). Words borrowed from other languages are less predictable; frequently the stress falls on the last or next-to-last syllable (**Universität'**, **Muse'um**). You will find such words marked for stress in the German-English vocabulary at the end of the textbook.

II. Vowels

One of the most important differences between English and German is that in English most vowels are to some degree glides. This means that while they are being pronounced, there occurs a shift from one vowel sound to another *(so, say)*. German vowel sounds do not glide, and they do not change quality. The jaw does not shift while a German vowel is being produced (**so, See**). Three German vowels occur with two dots over them (**ä, ö, ü**). These vowels are called *umlauts*. Short and long **ä** sounds like short and long **e**, but **ö** and **ü** represent distinct sounds.

Certain vowels appear in combinations (**ei, ey, ai, ay; au; äu, eu**) called *diphthongs*. While diphthongs in American English may be drawn out or drawled, the German diphthongs are short.

Pay special attention to the length of a vowel. In many words, the length of the stressed vowel is the only clue to their meaning. When spoken, **Rate!** with a long **a** [a:] means *Guess!*, whereas **Ratte** with a short **a** [a] means *rat*.

A. Short Vowels [i, e, a, u, o,]

Keep these vowels really short!

1. [i] **in**, **i**mmer, Z**i**mmer, K**i**nd, W**i**nter, F**i**nger, b**i**tte, d**i**ck

2. [e] **es**, **e**ssen, F**e**nster, schn**e**ll, M**ä**rz, L**ä**nder, S**ä**tze

3. [a] **a**lt, k**a**lt, Kl**a**sse, T**a**sse, T**a**nte, W**a**nd, w**a**nn, m**a**n

4. [u] **u**m, **u**nd, M**u**nd, M**u**tter, B**u**tter, St**u**nde, Sek**u**nde

5. [o] **o**ft, **O**nkel, S**o**nne, S**o**mmer, S**o**nntag, m**o**rgen, k**o**mmen, k**o**sten

6. [a] and [o] Be sure to dinstinguish clearly between these sounds.

| **Kamm** / **Komm!** | *comb* / *Come!* | **Fall** / **voll** | *fall* / *full* |
| **Bann** / **Bonn** | *ban* / *Bonn* | **Bass** / **Boss** | *bass* / *boss* |

7. [e] Don't forget that **ä** doesn't sound like [a], but like [e].

Kamm / **Kämme** / **Semmel**	*comb* / *combs* / *roll*
Schwamm / **Schwämme** / **Schwemme**	*sponge* / *sponges* / *watering place*
Fall / **Fälle** / **Felle**	*fall* / *falls* / *furs*
Mann / **Männer** / **Messer**	*man* / *men* / *knife*

8. Unstressed short **e** [ə] In unstressed syllables [a], [i], [o], and [u] retain their basic quality in German, whereas in English they become rather neutral (**Amerika'ner** / *Amer¢ican*; **Aro'ma** / *aro'ma*). The German unstressed short **e** [ə], however, becomes neutral, too.

   h**eu**te, L**eu**te, frag**e**n, sag**e**n, b**e**ginn**e**n, G**e**sicht, G**e**schenk, G**e**burtstag

9. Final **er** [ʌ] When **r** occurs after a vowel at the end of a syllable or word, and especially in the ending **-er,** it sounds like a weak **a** [ʌ]. It requires a good deal of attention and practice for speakers of American English not to pronounce the **r.** The German sound resembles the final vowel in the word *comma*.

   Vat**er**, Mutt**er**, Kind**er**, d**er**, w**ir**, v**ier**, **Uhr**, **Ohr**, schw**er**, Donn**er**stag, wund**er**bar, **er**zählen, v**er**stehen

10. [ə] and [ʌ] Listen carefully to the difference between these two sounds.

bitt**e** / bitt**er**	*please* / *bitter*	zeig**e** / Zeig**er**	*I show* / *watch hand*
ess**e** / Ess**er**	*I eat* / *eater*	dies**e** / dies**er**	*these* / *this*
leid**e** / leid**er**	*I suffer* / *unfortunately*		

B. Long Vowels [i: / a: / u: / e: / o:]

Be sure to stretch these vowels until they are really long.

11. [i:] Draw your lips far back.
    pr**i**ma, m**i**nus, Mus**i**k, **ih**n, **ih**m, **ih**nen, d**ie**, w**ie**, w**ie**der, s**ie**ben, stud**ie**ren, Pap**ie**r, Biolog**ie**

12. [a:] H**aa**re, S**aa**l, J**a**hr, Z**a**hl, Z**a**hn, s**a**gen, fr**a**gen, N**a**me, N**a**se

13. [u:] Round your lips well.
    d**u**, g**u**t, K**u**li, J**u**li, Min**u**te, Bl**u**se, Sch**u**h, St**u**hl, **Uhr**, T**ou**r

14. [e:] and [o:] These two vowels need particular attention. Listen carefully for the differences between English and German.

| *say* / **See** | *vain* / **wen** | *boat* / **Boot** |
| *bait* / **Beet** | *tone* / **Ton** | *pole* / **Pol** |

15. [e:] Draw your lips back and hold the sound steady.
    See, **Tee**, Id**ee**, z**e**hn, n**e**hmen, g**e**hen, s**e**hen, Z**ä**hne, M**ä**dchen, K**ä**se, l**e**sen, sp**ä**t, Universit**ä**t, Qualit**ä**t

16. [o:] Purse your lips and don't let the sound glide off.
    Z**oo**, B**oo**t, **Ohr**, **oh**ne, B**oh**ne, w**oh**nen, s**o**, r**o**t, **o**ben, H**o**se, h**o**len

CD 1,
Track 4

C. Contrasting Short and Long Vowels

As you were practicing the short and long vowels, you probably discovered that spelling provides some clues to the length of the stressed vowel. Here are the most reliable signals. Some apply only to the dictionary forms of words, not to the inflected forms.

The stressed vowel is *short*, . . .

- when followed by a double consonant.
  imm**e**r, **e**ssen, **a**lle, B**u**tter, T**e**nnis, L**i**ppe, M**ü**tter
- usually when followed by two or more consonants, including **ch** and **sch.**
  W**i**nter, F**e**nster, k**a**lt, **u**nten, K**o**pf, H**ä**nde, W**ü**nsche, Ges**i**cht, T**i**sch
- in many common one-syllable words before a single consonant.
  m**i**t, **e**s, **a**n, **u**m, v**o**n

The stressed vowel is *long*, . . .

- when doubled.
  Id**ee**, H**aa**r, Z**oo**
- **i** and **u** cannot be doubled, but **i** followed by **e** is always long.
- d**ie**, s**ie**, w**ie**, v**ie**l, v**ie**r, Fantas**ie**
- when followed by **h**, **h** is silent; after a vowel it is strictly a spelling device to signal length.
  ihn, **ih**m, se**h**en, ne**h**men, Za**h**n, Za**h**l, U**h**r, Schu**h**
- usually when followed by a single consonant.
  K**i**no, l**e**sen, T**a**fel, Bl**u**se, V**ä**ter, T**ü**ren, h**ö**ren

17. [i] and [i:]
    | innen / ihnen | *inside / to them* | still / Stil | *quiet / style* |
    | im / ihm | *in / him* | | |

18. [e] and [e:]
    | denn / den | *for / the* | Wellen / Wählen | *waves / to choose* |
    | Betten / beten | *beds / to pray* | | |

19. [a] and [a:]
    | Stadt / Staat | *city / state* | nasse / Nase | *wet / nose* |
    | Kamm / kam | *comb / came* | | |

20. [u] and [u:]
    | muss / Mus | *must / mush* | Sucht / sucht | *mania / looks for* |
    | Busse / Buße | *busses / repentance* | | |

21. [o] and [o:]
    | offen / Ofen | *open / oven* | Motte / Mode | *moth / fashion* |
    | Wonne / wohne | *delight / I live* | | |

CD 1,
Track 5

D. Umlauts

There are also a long and short **ü** and **ö.**

22. [i:] and [ü:] To make the [ü:], say [i:], keep your tongue and jaw in this position, and round your lips firmly.
    | diene / Düne | *I serve / dune* | liegen / lügen | *to lie / to (tell a) lie* |
    | Biene / Bühne | *bee / stage* | diese / Düse | *these / nozzle* |

23. [ü:] Note that the German letter **y** is pronounced like **ü**.
    über, übrigens, müde, Füße, kühl, Frühling, grün, natürlich, Typ, typisch

24. [u:] and [ü] Observe the change in tongue position as you shift from one sound to the other.
    | Fuß / Füße | *foot / feet* | Kuh / Kühe | *cow / cows* |
    | Stuhl / Stühle | *chair / chairs* | Hut / Hüte | *hat / hats* |

25. [u] and [ü] To make the [ü], begin by saying [i], then round your lips.

| Kissen / küssen | *pillow / to kiss* | Kiste / Küste | *box / coast* |
| missen / müssen | *to miss / must* | sticke / Stücke | *embroider / pieces* |

26. [ü] dünn, fünf, hübsch, Glück, zurück, Flüsse, München, Nymphe

27. [u] and [ü] Be aware of the movements of your tongue as you shift from one sound to the other.

| Busch / Büsche | *bush / bushes* | Kuss / Küsse | *kiss / kisses* |
| Fluss / Flüsse | *river / rivers* | Kunst / Künste | *art / arts* |

28. [ü:] and [ü]

| Hüte / Hütte | *hats / hut* | fühle / fülle | *I feel / I fill* |
| Wüste / wüsste | *desert / would know* | Düne / dünne | *dune / thin* |

29. [e:] and [ö:] To make the [ö:], begin by saying [e:]. Keep your tongue in this position, then round your lips firmly for [ö:].

| Hefe / Höfe | *yeast / courts* | Sehne / Söhne | *tendon / sons* |
| lesen / lösen | *to read / to solve* | Besen / bösen | *broom / bad* |

30. [o:] schön, Möbel, hören, möglich, Brötchen, französisch, Österreich

31. [o:] and [ö:] Observe the tongue position as you shift from one sound to the other.

| Ofen / Öfen | *oven / ovens* | Sohn / Söhne | *son / sons* |
| Ton / Töne | *tone / tones* | Hof / Höfe | *court / courts* |

32. [e] and [ö] Begin by saying [e], then round your lips.

| kennen / können | *to know / can* | fällig / völlig | *due / total* |
| Helle / Hölle | *light / hell* | Zelle / Zölle | *cell / tolls* |

33. [ö] öffnen, östlich, zwölf, Wörter, Töchter

34. [o] and [ö] Observe the tongue position as you shift from one sound to the other.

| Kopf / Köpfe | *head / heads* | Stock / Stöcke | *stick / sticks* |
| Rock / Röcke | *skirt / skirts* | konnte / könnte | *was able to / could* |

35. [ö:] and [ö]

| Höhle / Hölle | *cave / hell* | Röslein / Rösslein | *little rose / little horse* |
| Schöße / schösse | *laps / I'd shoot* | | |

36. [ü:] vs. [ö:] and [ü] vs. [ö]

Sühne / Söhne	*repentance / sons*	Hülle / Hölle	*cover / hell*
Güte / Goethe	*grace / Goethe*	Stücke / Stöcke	*pieces / sticks*
blüht / blöd	*blooms / stupid*	rücke / Röcke	*move / skirts*

CD 1,
Track 6

E. Diphthongs

German diphthongs are short. They are not drawled.

37. [ai] eins, zwei, drei, mein, dein, kein, Seite, Kreide, Meyer, Mai, Bayern, Haydn

38. [oi] neu, neun, heute, Leute, teuer, deutsch, träumen, Häuser, toi, toi, toi!

39. [au] auf, Auge, Haus, Frau, grau, faul, auch, Bauch, brauchen

40. Remember that ie [i:] is not a diphthong.

| Wien / Wein | *Vienna / wine* | Biene / Beine | *bee / legs* |
| Lied / Leid | *song / suffering* | Lieder / leider | *songs / unfortunately* |

41. Can you pronounce these words correctly without hesitation?
Schreiben, schrieb, hieß, heiß, wieder, weiter, sei, Sie, wie, wieso, weiß, Beispiel, wie viel

F. Glottal Stops

Both English and German use a glottal stop (+) to avoid running words together. German uses it much more frequently than English, where the last consonant of one word is often linked with the first vowel of the next (**mit +einem +Eis**, *with an ice cream*). A good way to become aware of the glottal stop is to say *Oh oh!* as if in dismay.

42. Use the glottal stop where indicated:
    +Am +Abend +essen wir +in +einem Restaurant.
    Wir sitzen +in +einer kleinen +Ecke.
    Der +Ober bringt +uns +ein +Eis.
    Wir +erzählen von der +Uni.
    Hans beobachtet +andere Leute.

III. Consonants

A. Single Letters

1. **f, h, k, m, n, p, t, x:** These are pronounced alike in both languages.
   fünf, **h**aben, **k**aufen, **m**üde, **n**ein, **P**ark, **T**ag, e**x**tra

2. **j:** It is pronounced like the English *y*.
   ja, **J**ahr, **J**anuar, **J**uni, **J**uli, **j**ung, **j**etzt

3. **b, d, g:** They usually sound like their English counterparts (**g** as in *garden*).
   bitte, **d**anke, **g**ut
   However, when they occur at the end of a word or syllable, or before *s* or *t*, they sound like [p], [t], [k], respectively.
   [p] o**b**, gel**b**, hal**b**, a**b**hängig, gi**b**st, ge**b**t
   [t] un**d**, Mun**d**, Bil**d**, aben**d**s, Sta**d**t
   [k] Ta**g**, tä**g**lich, we**g**, genu**g**, lie**g**st, lie**g**t

[p] vs. [b]	[t] vs. [d]	[k] vs. [g]
ha**b**t / ha**b**en	Kin**d** / Kin**d**er	sa**g**t / sa**g**en
gi**b**st / ge**b**en	Wan**d** / Wän**d**e	fra**g**st / fra**g**en
sie**b**zig / sie**b**en	aben**d**s / Aben**d**e	Zu**g** / Zü**g**e

4. **v:** It usually sounds like [f], but in words of foreign origin it is pronounced [v] unless it is at the end of the word.
   [f] **v**ier, **v**on, **v**erstehen, **V**ater, **V**olkswagen, relati**v**, intensi**v**
   [v] **V**okabeln, **V**ase, **V**ision, **V**ariation, No**v**ember, Re**v**olution

5. **w:** It is pronounced [v] in German.
   was, **w**o, **w**er, **w**ie, **w**arum, **w**elche, **w**omit, **w**underbar

6. **s, ss, ß:** The pronunciation of the letter *s* depends on its position of the word. If preceeds a vowel, it is pronounced [z] as in the English *fuzz*. Otherwise it is pronounced [s] as in the English *fuss*.
   [z] **s**ehen, **S**ofa, **S**alat, Gemü**s**e, Na**s**e, le**s**en
   [s] wa**s**, da**s**, au**s**, Bu**s**, Ei**s**, Gla**s**, Hal**s**, al**s**
   ss and **ß** are also pronounced [s]. **ß** [Estset] is used after long vowels (**Füße**). According to the spelling reform, however, short vowels are always followed by an **ss** (mu**ss**, lä**ss**t).
   Ta**ss**e, Wa**ss**er, be**ss**er, wi**ss**en, Profe**ss**or, lä**ss**t; Gru**ß** Grü**ß**e, hei**ß**, hei**ß**en, gro**ß**, Grö**ß**e; lä**ss**t, wei**ß**t

7. **z:** It is pronounced [ts] as in English *rats*.
   [ts] **z**u, **Z**oo, **Z**ahn, **Z**eit, **z**wischen, De**z**ember, Medi**z**in, du**z**en, Mär**z**, schwar**z**, Tan**z**, Toleran**z**, **z**ick**z**ack

8. **s and z:** Watch the contrast between these two letters.

so / **Z**oo	*so / zoo*	**s**iegen / **Z**iegen	*to win / goats*
sauber / **Z**auber	*clean / magic*	**s**agen / **z**agen	*to stay / hesitate*

9. **l:** There is an important difference between English and German in the pronunciation of the letter **l.** When an American pronounces [l], the tongue forms a hump toward the back of the mouth, which makes the [l] sound "dark." For the German [l], the tongue is flat and touches just behind the front teeth; it is very "light" sound. Listen for the difference between American and German [l]:

feel / vie**l**   *felt* / fä**ll**t   *built* / Bi**l**d

[l] **l**aut, **l**ernen, **l**ogisch, **L**imo, K**l**asse, ka**l**t, Fi**l**m, he**ll**, Hote**l**, Apri**l**, wi**ll**, küh**l**

10. **r:** To avoid a noticeable American accent in German, don't use the American [r]. In German you can either use a tongue-tip trill or a uvular trill. (The uvula is the little skin flap in the back of your mouth that vibrates when you gargle.) Listen for the difference between American and German [r]:

rest / **R**est   *fry* / f**r**ei   *ring* / **R**ing   *wrote* / **r**ot

[r] **r**ot, **R**ose, **R**adio, **R**athaus, **R**eis, **R**hein, fah**r**en, hö**r**en, o**r**ange, Bü**r**o, F**r**age, K**r**eide, b**r**aun, g**r**au, g**r**ün

Remember that **r** after a vowel at the end of a syllable or word, especially in the ending **-er,** is usually pronounced [ʋ].

[ʌ] Bild**er**, Kind**er**, ab**er**, Zimm**er**, Körp**er**, Lehr**er**, schw**er**, Papi**er**, di**r**, ih**r**

B. Letter Combinations

CD 1, Track 9

11. **sch:** This sound [š] resembles the English *sh*, but in German the lips protrude more.
Scheck, **Sch**ach, **Sch**iff, **Sch**ule, **Sch**okolade, **sch**reiben, **sch**wer, wa**sch**en, Ti**sch**, Fi**sch**

12. **st, sp:** At the beginning of a word or word stem, they are pronounced [št] and [šp].

[št] **St**ock, **St**ein, **st**ill, **St**adt, **St**atistik, Frühstück, ver**st**ehen
[šp] **Sp**ort, **sp**ät, **sp**ielen, **Sp**rache, ver**sp**rechen, Ge**sp**räch

Otherwise they sound the same as in English.

[st] i**st**, bi**st**, O**st**en, We**st**en, Fen**st**er, Ga**st**, Po**st**, Pro**st**
[sp] We**sp**e, Ka**sp**ar, li**sp**eln

13. **ch:** There are no English equivalents for the two German sounds [x] and [ç]
   - [x]—the "**ach**-sound"—is produced in the same place as [k]. However, for [k] the breath stops, whereas for [x] it continues to flow through a narrow opening in the back of the throat, **ch** is pronounced [x] after a, o, u, and au.

   a**ch**, Ba**ch**, a**ch**t, Na**ch**t, ma**ch**en, la**ch**en, no**ch**, do**ch**, Wo**ch**e, su**ch**en, Ku**ch**en, Bau**ch**, au**ch**

   Be sure to distinguish clearly between [k] and [x].

Akt / a**ch**t	*act / eight*	Do**ck** / do**ch**	*dock / indeed*
na**ck**t / Na**ch**t	*naked / night*	bu**k** / Bu**ch**	*baked / book*

   - [ç]—the "**ich**-sound"—is produced much farther forward in the mouth. The sound **ch** is pronounced [ç] after the vowels e, i, ä, ö, ü, the dipthongs ei (ai) and eu (äu), and the consonants l, n, and r.

   The diminutive suffix **-chen** is also pronounced [çen]. The ending **-ig** is always pronounced [iç]. You can learn to make this sound by whispering loudly *you* or *Hugh.*

   i**ch**, mi**ch**, ni**ch**t, schle**ch**t, spre**ch**en, lä**ch**eln, mö**ch**ten, Bü**ch**er, Zei**ch**nung, Bäu**ch**e, Mil**ch**, Mün**ch**en, fur**ch**tbar, Mäd**ch**en, richt**ig**, ruh**ig**, brumm**ig**

   Be sure not to substitute [s] for [ç].

mi**ch** / mi**sch**	*me / mix*	Männ**ch**en / Men**sch**en	*dwarf / people*
fi**ch**t / fi**sch**t	*fights / fisher*		

   Often [x] and [ç] alternate automatically in different forms of the same word.

Bu**ch** / Bü**ch**er	*book / books*	Bau**ch** / Bäu**ch**e	*belly / bellies*
Na**ch**t / Nä**ch**te	*night / nights*		

14. **chs:** It is pronounced [ks].
    se**chs**, Wa**chs**

15. **ck:** It sounds like [k]
    di**ck**, Pickni**ck**, Ro**ck**, Ja**ck**e, pa**ck**en, Sche**ck**

16. **ph:** It sounds like [f]. In fact, according to the new spelling, many words can now be spelled or are routinely spelled with an **f.**
    Philosophie, **Ph**ysik, **ph**ysisch, **f**otografieren, **F**antasie

17. **th:** It sounds like [t].
    Thema, **Th**eater, **Th**eologie, **Th**eorie, Ma**th**ematik, Biblio**th**ek

18. **tz:** It sounds like [ts].
    Sa**tz**, Pla**tz**, se**tz**en, tro**tz**, Hi**tz**e
    ALSO: Na**t**ion, Informa**t**ion, Por**t**ion, Varia**t**ion

19. **qu:** It must be pronounced [kv].
    Quatsch, **Qu**äker, **Qu**alität, **Qu**antität, **Qu**artier, **Qu**ote

20. **ng:** It always is pronounced [nj] as in English *sing*, not [ng] as in *finger*
    la**ng**, e**ng**lisch, si**ng**en, Fi**ng**er, Hu**ng**er, Übu**ng**, Prüfu**ng**

21. **pf:** Both letters are pronounced: [pf].
    pfui, **Pf**effer, **Pf**ennig, **Pf**efferminz, **pf**lanzen, Ko**pf**, Dummko**pf**

22. **ps:** Both letters are pronounced: [ps].
    Psychologie, **Ps**ychologe, **ps**ychologisch, **Ps**ychiater, **Ps**alm, **Ps**eudonym

23. **kn, gn:** They sound just as they are spelled: [kn gn].
    Knie, **Kn**oten, **Kn**ackwurst, **Kn**irps
    Gnu, **Gn**eis, Vergn**gn**ügen

Schritte Beginnen wir!

Schritt 1

GESPRÄCHE

CD 1,
Track 10

Guten Tag! Now listen.

HERR SANDERS	Guten Tag!
FRAU LEHMANN	Guten Tag!
HERR SANDERS	Ich heiße Sanders, Willi Sanders. Und Sie, wie heißen Sie?
FRAU LEHMANN	Mein Name ist Erika Lehmann.
HERR SANDERS	Freut mich. Wie geht es Ihnen?
FRAU LEHMANN	Danke, gut. Und Ihnen?
HERR SANDERS	Danke, es geht mir auch gut.

LUCA SEIBEL	Guten Tag!
EVA BACH	Tag!
LUCA SEIBEL	Ich heiße Luca Seibel. Und du, wie heißt du?
EVA BACH	Mein Name ist Eva Bach.
LUCA SEIBEL	Freut mich. Und wie geht es dir?
EVA BACH	Ach, nicht schlecht.

HEIDI	Hallo, Ute! Wie geht's?
UTE	Tag, Heidi! Ach, ich bin müde.
HEIDI	Ich auch. Zu viel Stress. Bis später!
UTE	Tschüss! Mach's gut!

Das Alphabet

CD 1,
Track 11

1. Hören Sie zu und wiederholen Sie! *(Listen and repeat.)*
   a, b, c, d, e, f, g, h, i, j, k, l, m, n, o, p, q, r, s, t, u, v, w, x, y, z; ß

2. Buchstabieren Sie auf Deutsch! *(Spell it in German.)*

   ■ You will hear a cue and the German spelling of a word. Then you will be told to begin, and the same cue will be repeated. Spell the word, and use the following cues in the same way. Always repeat the correct response after the speaker. ■

   Ja: jot a
   ja, gut, müde, heißen, Name

AUSSPRACHE: a, e, er, i, o, u 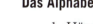 For more practice pronouncing these sounds, see the Summary of Pronunciation Part II, subsections 1–21 in the front of this *Arbeitsbuch*.

CD 1,
Track 12

■ Listen carefully and repeat after the speaker. If your lab setup permits, record your responses and later compare your pronunciation with that of the native speakers. ■

Hören Sie zu und wiederholen Sie!

1. [a:] **A**bend, T**a**g, Ban**a**ne	7. [i:] **I**hnen, Mar**i**a, Sab**i**ne
2. [a] **A**nna, **A**lbert, w**a**s	8. [i] b**i**n, b**i**tte
3. [e:] **E**rika, P**e**ter, Am**e**rika	9. [o:] M**o**nika, H**o**se, s**o**
4. [e] **E**llen, H**e**rmann, **e**s	10. [o] **O**skar, **o**ft, M**o**rgen
5. [ə] Ut**e**, dank**e**, heiß**e**	11. [u:] **U**te, G**u**dr**u**n, g**u**t
6. [ʌ] Diet**er** Fiedl**er**, Rain**er** Mei**er**	12. [u] **u**nd, w**u**nderbar, Ges**u**ndheit

Zum Schreiben

Auf Deutsch bitte!

1. *Mr.* _____
2. *Mrs.* _____
3. *Thank you!* _____
4. *How are you?* (formal) _____
5. *I'm (feeling) fine.* _____
6. *I'm tired.* _____
7. *My name is Max.* _____
8. *What's your name?* (fam.) _____
9. *Good-bye!* _____
10. *See you later!* _____

Schritt 2

Zum Hören

GESPRÄCH

Was und wie ist das? Hören Sie zu!

CD 1, Track 13

DEUTSCHPROFESSORIN	Hören Sie jetzt gut zu und antworten Sie auf Deutsch! Was ist das?
JIM MILLER	Das ist der Bleistift.
DEUTSCHPROFESSORIN	Welche Farbe hat der Bleistift?
SUSAN SMITH	Gelb.
DEUTSCHPROFESSORIN	Bilden Sie bitte einen Satz!
SUSAN SMITH	Der Bleistift ist gelb.
DEUTSCHPROFESSORIN	Ist das Heft auch gelb?
DAVID JENKINS	Nein, das Heft ist nicht gelb. Das Heft ist hellblau.
DEUTSCHPROFESSORIN	Gut!
SUSAN SMITH	Was bedeutet *hellblau*?
DEUTSCHPROFESSORIN	*Hellblau* bedeutet *light blue* auf Englisch.
SUSAN SMITH	Und wie sagt man *dark blue*?
DEUTSCHPROFESSORIN	*Dunkelblau.*
SUSAN SMITH	Ah, der Kuli ist dunkelblau.
DEUTSCHPROFESSORIN	Richtig! Das ist alles für heute. Für morgen lesen Sie bitte das Gespräch noch einmal und lernen Sie auch die Wörter!

Name _____ Datum _____ Kurs _____

🔊 **AUSSPRACHE: e, ä, ö, ü, eu, au, ai, ei, ie** ◄◄ For more practice pronouncing these sounds, see the
CD 1,
Track 14 Summary of Pronunciation Part II, subsections 22–41 in the front of this *Arbeitsbuch*.

Hören Sie zu und wiederholen Sie!

 1. [e:] Erika, Käthe, geht
 2. [e] Wände, Hände, hängen
 3. [ö:] Öl, hören, Österreich
 4. [ö] Ötker, Pöppel, Wörter
 5. [ü:] Tür, für, Stühle
 6. [ü] Jürgen Müller, Günter, müssen
 7. [oi] Deutsch, freut, Europa
 8. [au] Frau Paula Bauer, auf, auch
 9. [ai] Rainer, Kreide, weiß
10. [ai] heißen, Heidi Meier
11. [i:] Sie, wie, Wiedersehen
12. [ai / i:] Beispiel, Heinz Fiedler

Zum Schreiben

Auf Deutsch bitte! Include the proper articles and plurals of nouns.

 1. *the pencil* _____
 2. *the book* _____
 3. *the color* _____
 4. *the door* _____
 5. *in German* _____
 6. *yellow* _____
 7. *I am* _____
 8. *to read* _____
 9. *to hear* _____
10. *How does one say . . . ?* _____

Schritt 3

Zum Hören

GESPRÄCHE

CD 2,
Track 2

Im Kaufhaus Hören Sie zu!

VERKÄUFERIN	Na, wie ist die Hose?
CHRISTIAN	Zu groß und zu lang.
VERKÄUFERIN	Und der Pulli?
MEIKE	Zu teuer.
CHRISTIAN	Aber die Farben sind toll. Schade!

Hören Sie zu!

VERKÄUFERIN	Guten Tag! Was darf's sein?
SILVIA	Ich brauche ein paar Bleistifte und Papier. Was kosten die Bleistifte?
VERKÄUFERIN	Fünfundfünfzig Cent (€ 0,55).
SILVIA	Und das Papier hier?
VERKÄUFERIN	Zwei Euro vierzig (€ 2,40).
SILVIA	Gut. Ich nehme sechs Bleistifte und das Papier.
VERKÄUFERIN	Ist das alles?
SILVIA	Ja, danke.
VERKÄUFERIN	Fünf Euro siebzig (€ 5,70).

CD 2,
Track 3

Zahlen

1. Zählen Sie von 1 bis 25!

   1, 2, 3, 4, 5, 6, 7, 8, 9, 10, 11, 12, 13, 14, 15, 16, 17, 18, 19, 20, 21, 22, 23, 24, 25

2. Wiederholen Sie die Preise! *(Repeat the prices.)*

   € 2,30   € 3,25   € 4,75   € 8,90   € 1,10

CD 2,
Track 4

AUSSPRACHE: l, s, st, sp, sch, f, v, z ◄◄ For more practice pronouncing these sounds, see the Summary of Pronunciation Part II, subsections 1, 4, 6–9, 11–12 in the front of this *Arbeitsbuch*.

Hören Sie zu und wiederholen Sie!

1.	[l]	**l**ernen, **l**esen, Pu**ll**over	7.	[š]	**sch**nell, **sch**lecht, **sch**warz
2.	[z]	**s**ie **s**ind, **s**ieben, **s**auber	8.	[f]	**f**ünf, **f**ünfzehn, **f**ünfzig
3.	[s]	Profe**ss**orin, hei**ß**en, Prei**s**		[f]	**v**ier, **v**ierzehn, **v**ierzig
4.	[st]	Fen**st**er, ko**st**en, i**st**	9.	[ts]	**Z**immer, **Z**ahl, **z**ählen
5.	[št]	**St**efan, **St**uhl, **St**ein	10.	[z / ts]	**s**ieben, **s**ieb**z**ig, **s**ieben**und**sieb**z**ig
6.	[šp]	**Sp**ort, Bei**sp**iel, Ge**sp**räch			

Zum Schreiben

Auf Deutsch bitte! Include the proper articles and plurals of nouns.

1. *the sweater* _____
2. *the shirt* _____
3. *the blouse* _____
4. *the coat* _____
5. *to need* _____
6. *to take* _____
7. *big* _____
8. *slowly* _____
9. *short* _____
10. *How much is that?* _____

Schritt 4

Zum Hören

GESPRÄCHE

CD 2, Track 5

Das Wetter im April Hören Sie zu!

NORBERT	Es ist schön heute, nicht wahr?
JULIA	Ja, wirklich. Die Sonne scheint wieder!
RUDI	Nur der Wind ist kühl.
JULIA	Ach, das macht nichts.
NORBERT	Ich finde es toll.

Hören Sie zu!

HANNES	Mensch, so ein Sauwetter! Es schneit schon wieder.
MARTIN	Na und?
HANNES	In Mallorca ist es schön warm.
MARTIN	Wir sind aber hier und nicht in Mallorca.
HANNES	Schade!

Hören Sie zu!

LEA	Das Wetter ist furchtbar, nicht wahr?
HEIKO	Das finde ich auch. Es regnet und regnet!
SARA	Und es ist wieder so kalt. Nur 7 Grad!
HEIKO	Ja, typisch April.

CD 2, Track 6

Wie heißen die Jahreszeiten, Monate und Tage? Hören Sie gut zu und wiederholen Sie!

1. Die Jahreszeiten heißen . . .
2. Die Monate heißen . . .
3. Die Tage heißen . . .

AUSSPRACHE: r; p, t, k; final b, d, g; j, h ◄◄ For more practice pronouncing these sounds, see the Summary of Pronunciation Part III, subsections 1–3, 10, 17 in the front of this *Arbeitsbuch*.

CD 2, Track 7

Hören Sie zu und wiederholen Sie!

1. [r] **r**ichtig, **r**egnet, **r**ot
2. [ʌ] wi**r**, vie**r**, nu**r**
      BUT: [ʌ / r] Tü**r** / Tü**r**en; Papie**r** / Papie**r**e; Jah**r** / Jah**r**e
3. [p] **P**ulli, **P**lural, **p**lus
      AND: [p] Herb**st**, Jako**b**, gel**b**
      BUT: [p / b] gel**b** / gel**b**e
4. [t] **Th**eo, **T**ür, Doro**th**ea
      AND: [t] un**d**, **t**ausend, Bil**d**
      BUT: [t / d] Bil**d** / Bil**d**er
5. [k] **k**ühl, **k**urz, **K**uli, dan**k**e
      AND: [k] sa**gt**, fra**gt**, Ta**g**
      BUT: [k / g] sa**gt** / sa**g**en; fra**gt** / fra**g**en; Ta**g** / Ta**g**e
6. [j] **j**a, **J**ahr, **J**anuar
7. [h] **h**ören, **h**eiß, **h**at
8. [:] zä**h**len, ne**h**men, I**h**nen

Zum Schreiben

Auf Deutsch bitte! Include the proper articles and plurals of nouns.

1. *the day*   _____
2. *the month*   _____
3. *the weather*   _____
4. *the week*   _____
5. *the year*   _____
6. *It's beautiful.* _____
7. *isn't it?*   _____
8. *It's raining.*   _____
9. *really*   _____
10. *I think so, too.* _____

Gegenteile What are the opposites for these words?

1. dünn _____   7. lang _____
2. gut _____   8. morgen _____
3. heiß _____   9. sauber _____
4. hier _____   10. schnell _____
5. klein _____   11. teuer _____
6. kühl _____   12. wunderbar _____

Schritt 5

Zum Hören

GESPRÄCHE

CD 2,
Track 8

Wie spät ist es? Hören Sie zu!

RITA	Hallo, Axel! Wie spät ist es?
AXEL	Hallo, Rita! Es ist zehn vor acht.
RITA	Oje, in zehn Minuten habe ich Philosophie.
AXEL	Dann mach's gut, tschüss!
RITA	Ja, tschüss!

PHILLIP	Hallo, Steffi! Wie viel Uhr ist es denn?
STEFFI	Tag, Phillip! Es ist halb zwölf.
PHILLIP	Gehen wir jetzt essen?
STEFFI	Okay, die Vorlesung beginnt erst um Viertel nach eins.

ANTON	Wann bist du denn heute fertig?
PAUL	Um zwei. Warum?
ANTON	Spielen wir heute Tennis?
PAUL	Ja, prima! Es ist jetzt halb eins. Um Viertel vor drei dann?
ANTON	Gut! Bis später!

CD 2,
Track 9

AUSSPRACHE: ch, ig, ck, ng, gn, kn, qu, pf, ps, w ◄◄ For more practice pronouncing these sounds, see the Summary of Pronunciation Part III, subsections 5, 13–15, 19, 20–23 in the front of this *Arbeitsbuch*.

Hören Sie zu und wiederholen Sie!

1. [k] **Ch**ristine, **Ch**ristian, **Ch**aos
2. [x] a**ch**t, au**ch**, brau**ch**en
3. [ç] i**ch**, ni**ch**t, wirkli**ch**
4. [iç] richt**ig**, wind**ig**, bill**ig**
5. [ks] se**chs**, se**chs**undse**chs**ig
6. [k] Ja**ck**e, Ro**ck**, Pi**ck**ni**ck**
7. [ŋ] E**ng**lisch, Frühli**ng**, la**ng**
8. [gn] re**gn**et, resi**gn**ieren, Si**gn**al
9. [kn] **Kn**irps, **Kn**ie
10. [kv] **Qu**alität, **Qu**antität, **Qu**artett
11. [pf] **Pf**efferminz, A**pf**el
12. [ps] **Ps**ychologie, **Ps**ychiater, **Ps**ychoanalyse
13. [v] **W**ort, **w**ie, **w**as

Name _____ Datum _____ Kurs _____

VERSTEHEN SIE?

CD 2,
Track 10

■ This section is intended to develop your listening skills. Listen carefully as the text is read twice. The questions that follow let you check your understanding of the passage. ■

Das ist Axels Stundenplan. While looking at the class schedule, listen to Axel answering questions about it.

Zeit	Montag	Dienstag	Mittwoch	Donnerstag	Freitag
7.55- 8.40	Physik	Chemie	Latein	Deutsch	Geographie
8.45- 9.30	Latein	Franz.	Englisch	Deutsch	Deutsch
9.45-10.30	Franz.	Physik	Deutsch	Englisch	Chemie
10.30-11.15	Mathe	Mathe	Religion	Geschichte	Mathe
11.35-12.20	Deutsch	Englisch	Mathe	Chemie	Physik
12.25-13.10	Musik	Geschichte	Mathe	Geographie	Franz.
13.10-14.00 Mittagspause					
14.00-14.45		Kunst			
14.45-15.30		Kunst			
15.45-16.30		Sport			
16.30-17.15		Sport			

CD 2,
Track 11

Welche Antwort ist richtig? Select the word or phrase that completes each sentence correctly.

1. Es ist _____.
   a. Montag   b. Mittwoch   c. Samstag

2. Axel hat heute _____.
   a. vier Stunden   b. sechs Stunden   c. keine Stunden

3. Die Mathematikstunde beginnt um _____.
   a. Viertel nach zehn   b. halb elf   c. Viertel vor zwölf

4. Axel beginnt morgens um _____.
   a. fünf vor acht   b. zehn nach acht   c. halb neun

5. Er ist um _____ fertig.
   a. zehn nach eins   b. Viertel nach eins   c. fünf nach halb eins

Zum Schreiben

Auf Deutsch bitte! Include the proper articles and plurals of nouns.

1. *the clock*   _____

2. *the time*   _____

3. *the lecture*   _____

4. *to play tennis*   _____

5. *to eat*   _____

6. *What time is it?*   _____

7. *I have a question.*   _____

8. *I don't have time.*   _____

Rückblick: Schritte

■ By now, you know quite a few German words and a number of idiomatic expressions. You have learned how to pronounce German sounds and to say a few things about yourself. You have also learned a good deal about how the German language works. ■

I. Nouns

1. German has three genders: MASCULINE, NEUTER, and FEMININE. Nouns are distinguished by **der, das,** and **die** in the singular. In the plural, there are no gender distinctions; the article **die** is used for all plural nouns:

der Herr, der Bleistift		Herren, Bleistifte
das Bild	**die**	Bilder
die Frau, die Tafel		Frauen, Tafeln

2. There are several ways to form the plural of nouns. You have learned how to interpret the most common plural abbreviations found in dictionaries and vocabulary lists.

das Fenster, **-**		Fenster
der Mantel, **⸚**		Mäntel
der Tag, **-e**		Tage
der Stuhl, **⸚e**		Stühle
das Kleid, **-er**	**die**	Klei**der**
das Buch, **⸚er**		Bü**cher**
die Uhr, **-en**		Uhr**en**
die Sekunde, **-n**		Sekunde**n**
die Studentin, **-nen**		Studentin**nen**
der Kuli, **-s**		Kuli**s**

3. When you learn a noun, you must also learn its gender and plural form.

4. All nouns are capitalized.

   Ich brauche **B**leistifte, **K**ulis und **P**apier.

II. Pronouns

You have used the following pronouns:

ich	*I*	Ich heiße Sanders.
du	*you* (sg. fam.)	Wie heißt du?
es	*it*	Es regnet.
wir	*we*	Wir zählen von eins bis zehn.
sie	*they*	Sind sie müde?
sie	*you* (formal)	Wann sind Sie heute fertig?

- The pronoun **ich** is not capitalized unless it stands at the beginning of a sentence.
- The pronoun **Sie** (when it means *you*) is always capitalized. **Sie** is used in all formal relationships, and always when others are addressed with such titles as **Herr** and **Frau.** It is used to address one or more persons.

   Frau Thielemann, verstehen **Sie** das?
   Frau Thielemann und Herr Fiedler, verstehen **Sie** das?

III. Verbs

1. You have noticed that German verbs have different endings—they are INFLECTED, that is, CONJUGATED. You have used the following verb endings:

ich	-e	Ich brauche Papier.
du	-st	Du brauchst Papier.
wir	-en	Wir brauchen Papier.
sie, Sie	-en	Sie brauchen Papier.

2. **Sein** *(to be)* and **haben** *(to have)* are two important verbs. As in English, their forms are not regular.

ich	bin	Ich bin müde.
du	bist	Du bist gut.
es	ist	Es ist spät.
sie, Sie	sind	Sie sind schnell.

ich	habe	Ich habe Zeit.
du	hast	Du hast Zeit.
es	hat	Es hat Zeit.
sie, Sie	haben	Sie haben Zeit.

IV. Sentence structure

You have encountered three basic sentence types: STATEMENTS, QUESTIONS, and IMPERATIVES. In all of them, verb position plays a significant role.

1. Statements

One of the most important observations you will make is that the verb is always the second element in a statement. As you see from the examples, a SENTENCE ELEMENT can consist of more than one word.

Mein Name	**ist**	Dieter Schneider.
Franziska und Sebastian	**sind**	hier.
Ich	**finde**	das schön.
Der Rock und die Bluse	**kosten**	€ 80,–.

2. Questions

You have practiced two types of questions: INFORMATION QUESTIONS and QUESTIONS THAT ELICIT *YES/NO* ANSWERS.

a. Information questions begin with a question word or phrase and ask for specific information: *what, where, how.* In information questions, too, the verb is the second element. You have learned the following question words and phrases. Note that in German all question words begin with a **w**!

Wann	**haben**	Sie Deutsch?
Was	**kostet**	das?
Wo	**ist**	der Stuhl?
Wie	**geht**	es Ihnen?
Welche Farbe	**hat**	das Buch?
Wie viel Uhr	**ist**	es?
Wie viele Tage	**hat**	die Woche?

b. Questions eliciting a *yes/no* response, on the other hand, begin with the verb.

Haben	Sie Zeit?
Regnet	es morgen?
Spielen	wir heute Tennis?
Ist	das richtig?

Name _____ Datum _____ Kurs _____

3. Imperatives

Imperatives (commands, requests, suggestions) also begin with the verb. Note that they usually conclude with an exclamation mark.

Antworten Sie bitte!
Nehmen Sie die Kreide!
Öffnen Sie das Buch!
Sagen Sie das noch einmal!
Zählen Sie von zwanzig bis dreißig!

Übung macht den Meister.
Practice makes perfect.

WIEDERHOLUNG

■ The *Rückblick* exercises are intended for your own review before exams. Answers to all exercises in these sections are provided in the back of this *Arbeitsbuch*. ■

A. Was passt? *(What fits?)* Match each classroom expression on the left with the English equivalent on the right. Although not all of these are active vocabulary, you should be able to understand them.

_____ 1. Alle zusammen! a. *Make a sentence.*
_____ 2. Antworten Sie bitte! b. *Listen well.*
_____ 3. Auf Deutsch bitte! c. *Please learn that.*
_____ 4. Bilden Sie einen Satz! d. *Again, please.*
_____ 5. Gehen Sie an die Tafel bitte! e. *I don't understand that.*
_____ 6. Hören Sie gut zu! f. *Please repeat.*
_____ 7. Ich habe eine Frage. g. *In German, please.*
_____ 8. Ich verstehe das nicht. h. *Speak louder.*
_____ 9. Ich weiß nicht. i. *All together.*
_____ 10. Lernen Sie das bitte! j. *Please write.*
_____ 11. Lesen Sie laut! k. *I have a question.*
_____ 12. Noch einmal bitte! l. *Please answer.*
_____ 13. Passen Sie auf! m. *I beg your pardon?*
_____ 14. Schreiben Sie bitte! n. *Please, go to the board.*
_____ 15. Sprechen Sie lauter! o. *I don't know.*
_____ 16. Sprechen Sie langsam! p. *Pay attention.*
_____ 17. Wie bitte? q. *Read aloud.*
_____ 18. Wiederholen Sie bitte! r. *Speak slowly.*

Name _____ Datum _____ Kurs _____

B. Was sagen Sie? For each statement or question, select the appropriate response.

1. Guten Morgen!
   a. Gute Nacht!   b. Guten Abend!   c. Guten Tag!

2. Wie geht es Ihnen?
   a. Freut mich.   b. Sehr gut, danke!   c. Ich finde es schön.

3. Ich heiße Schulz. Und Sie?
   a. Es geht mir auch gut.   b. Ich habe keine Zeit.   c. Mein Name ist Fitzke.

4. Was bedeutet das?
   a. Ist das richtig?   b. Ich weiß nicht.   c. Schade!

5. Das Wetter ist heute furchtbar, nicht wahr?
   a. Ich habe eine Frage.   b. Sprechen Sie nicht so schnell!   c. Ja, es regnet und regnet.

6. Tschüss!
   a. Bis später!   b. Ich auch.   c. Prima!

C. Auf Deutsch bitte!

1. *Good morning. Please open the book to page 10.*

   _____

2. *Do you understand that?*

   _____

3. *Yes, but please read slowly.*

   _____

4. *What's the weather like?*

   _____

5. *It's raining, isn't it?*

   _____

6. *No, the sun is shining.*

   _____

7. *Really? I think that's wonderful.*

   _____

8. *What time is it?*

   _____

9. *It's a quarter to twelve.*

   _____

10. *Thank you.—You're welcome.*

    _____

11. *When do you eat?*

    _____

12. *At half past twelve. Good-bye!*

    _____

Zum Hören

GESPRÄCHE

CD 2,
Track 12

A. Am Goethe-Institut You will hear the following dialogue. First, listen to it in its entirety. Then, play it again and stop the recording after each sentence and repeat it.

SHARON	Roberto, woher kommst du?
ROBERTO	Ich bin aus Rom. Und du?
SHARON	Ich komme aus Sacramento, aber jetzt wohnt meine Familie in Seattle.
ROBERTO	Hast du Geschwister?
SHARON	Ja, ich habe zwei Schwestern und zwei Brüder. Und du?
ROBERTO	Ich habe nur eine Schwester. Sie wohnt in Montreal, in Kanada.
SHARON	Wirklich? So ein Zufall! Mein Onkel wohnt auch da.

CD 2,
Track 13

B. Später Listen to the following dialogue once. Then, read Sharon's lines aloud during the pauses provided.

ROBERTO	Sharon, wann ist die Prüfung?
SHARON	In zehn Minuten. Du, wie heißen ein paar Flüsse in Deutschland?
ROBERTO	Im Norden ist die Elbe, im Osten die Oder, im Süden . . .
SHARON	. . . die Donau?
ROBERTO	Richtig! Und im Westen der Rhein. Wo liegt Düsseldorf?
SHARON	Düsseldorf? Hm. Wo ist eine Landkarte?
ROBERTO	Oh, hier. Im Westen von Deutschland, nördlich von Bonn, am Rhein.
SHARON	Ach ja, richtig! Na, viel Glück!

CD 2,
Track 14

C. Richtig oder falsch? You will hear five statements about the dialogues. For each statement, select **richtig,** if the answer is true; or **falsch,** if it is false.

1. richtig   falsch   4. richtig   falsch
2. richtig   falsch   5. richtig   falsch
3. richtig   falsch

AUSSPRACHE: i, a, u |◀◀ For more practice pronouncing these sounds, see the Summary of Pronunciation Part II, subsections 1, 3–4, 11–13, 17, 19–20 in the front of this *Arbeitsbuch.*

CD 2,
Track 15

A. Laute *(Sounds)* Listen and repeat.

1. [i:] **I**hnen, l**ie**gen, w**ie**der, W**ie**n, Berl**i**n
2. [i] b**i**n, b**i**tte, K**i**nd, Geschw**i**ster
3. [a:] Fr**a**ge, Spr**a**che, Amerik**a**ner, Sp**a**nier, V**a**ter
4. [a] St**a**dt, L**a**ndkarte, K**a**nada, S**a**tz, T**a**nte
5. [u:] g**u**t, Br**u**der, K**u**li, Min**u**te, d**u**
6. [u] St**u**nde, J**u**nge, M**u**tter, Fl**u**ss, schm**u**tzig, k**u**rz

B. Wortpaare Repeat the pairs of words in the pauses provided.

1. still / Stil   3. Kamm / komm   5. Rum / Ruhm
2. Stadt / Staat   4. Schiff / schief   6. Ratte / rate

Was hören Sie jetzt? Now you will hear one word from each of these pairs. Select the one you hear.

....

STRUKTUR

1.1 The present tense of regular verbs

■ In the following sections you will be asked to make structural changes. Listen closely to the cues and make the proper adjustments. Always repeat the correct answer after the speaker. ■

A. Im Klassenzimmer Replace the subject.

1. Ich lerne Deutsch. (wir)
   Wir lernen Deutsch.

....

2. Sie antworten jetzt. (er)
   Er antwortet jetzt.

....

3. Wir öffnen das Buch. (du)
   Du öffnest das Buch.

....

B. Die anderen auch *(The others, too)* Replace the subject.

Ich komme aus Amerika. (Paul)
Paul kommt auch aus Amerika.

....

1.2 The nominative case

C. Geographie Build sentences.

1. Hamburg / Stadt
   Hamburg ist eine Stadt.

....

2. der Rhein / Land
   Der Rhein ist kein Land.

....

D. *Wer* oder *was*?

Das ist der Vater. — Wer ist das?
Das ist ein See. — Was ist das?

....

1.3 Sentence structure

E. Winter in der Schweiz Say the same in a different way.

Es ist kalt im Winter. (im Winter)
Im Winter ist es kalt.

....

Name _____ Datum _____ Kurs _____

LESETEXT

CD 2,
Track 22

Deutschland in Europa

....

DIKTAT

CD 2,
Track 23

These dictations, based on the chapter's reading text, are intended to develop your listening-comprehension and writing skills.

■ Listen three times to the following dictation: first to the entire passage, then to each individual sentence as you stop to write it down. Finally, listen again to compare for correctness. ■

Hören Sie zu und schreiben Sie, was Sie hören!

1. _____

2. _____

3. _____

4. _____

5. _____

VERSTEHEN SIE?

CD 2,
Track 24

Frankfurt am Main und Frankfurt an der Oder
Listen to the following passage twice.

....

CD 2,
Track 25

Richtig oder falsch? You will hear five statements about the passage you have just heard. For each statement, select **richtig** if the answer is true or **falsch** if it is false.

1. richtig   falsch
2. richtig   falsch
3. richtig   falsch
4. richtig   falsch
5. richtig   falsch

Video-Interviews

■ The following *Video-Interviews* are a supplement to the *Video-Szenen* in the media section of the main text. Before viewing these interviews and doing any of the follow-up work, make a point of glancing at the words and phrases listed under *Zum Erkennen*. Pay close attention to what the speakers have to say, and then respond to the activities that follow. ■

Rasi

THEMA: „Wer sind Sie?"

Zum Erkennen: leben *(to live)*; älter als *(older than)*; der Freund, -e *(friend)*; im Ausland *(abroad)*; seit *(since)*

A. Was lernen wir über sie *(about them)*?

1. Wer wohnt in Berlin-Köpenick?

   _____

2. Wie alt ist er?

   _____

3. Welche zwei Leute wohnen in Berlin-Kreuzberg?

   _____

4. Wie alt sind Herr Borchardt und sein Bruder?

   _____

5. Wie alt ist Rasi?

   _____

6. Woher kommt Sonja Zunker und wie lange lebt sie schon in Berlin?

   _____

7. Wie viele Geschwister hat sie?

   _____

8. Wie heißt ihre Tochter und wie alt ist die Tochter?

   _____

9. Wo ist Herr Zelmisi geboren?

   _____

10. Woher kommen seine Eltern?

    _____

B. Jetzt sind Sie dran! Now it's your turn. How would YOU answer the interview question? Write a connected paragraph of six to eight sentences about yourself and your family. Tell how old you are and where you come from? How big a family do you have? Where do they live? How old are they, and what are their names? Do you still have grandparents? Are there any foreign languages spoken in your family? If so, which ones? If you need more space for your answers, use a sheet of paper.

Name _____ Datum _____ Kurs _____

Zum Schreiben

A. Erweitern Sie Ihren Wortschatz! *(Increase your vocabulary.)*

In German, two or three simple words are frequently combined to create a new one. The last component of that compound noun determines the gender and the plural form.

Form a compound from each pair of nouns. Write it with the definite article to show its gender, and give its meaning in English.

BEISPIEL   das Land + die Karte → die Landkarte, *map*

1. der Sommer + das Wetter _____
2. die Mutter + die Sprache _____
3. der Berg + der See _____
4. die Bilder + das Buch _____
5. die Kinder + die Kleidung _____
6. die Stadt + der Teil _____
7. der Winter + der Mantel _____
8. die Stadt + der Mensch _____
9. der Vater + das Land _____
10. der Nachbar + der Staat _____

B. Was fehlt? Add the missing words with their articles and plurals.

MASCULINE		FEMININE	
Singular	**Plural**	**Singular**	**Plural**
der Vater	Väter	die Mutter	Mütter
der Sohn		die Tochter	
	Brüder	die Schwester	
der Junge			Mädchen
	Cousins	die Kusine	
der Onkel			Tanten
der Mann		die Frau	
	Großväter		Großmütter

Name _____ Datum _____ Kurs _____

C. Auf Deutsch bitte! Translate these words into German. Include the plurals of nouns.

1. *the capital* _____
2. *the child* _____
3. *the foreigner* _____
4. *the human being* _____
5. *the lake* _____
6. *the mountain* _____
7. *the neighbor* _____
8. *the people* _____
9. *to work* _____
10. *to live, reside* _____

D. Was sagen Sie? Select the most logical responses.

1. Jetzt regnet es schon wieder!
   a. Wie ist das Wetter?　　b. Es ist wirklich furchtbar.　　c. Das finde ich auch.

2. Heute ist es aber heiß!
   a. Schön, nicht wahr?　　b. Ja, es schneit schon wieder.　　c. Ich auch.

3. Woher sind Sie?
   a. Ich bin müde.　　b. Ich habe zwei Geschwister.　　c. Ich komme aus Frankreich.

4. Ich studiere hier.
   a. Ach, du bist auch Student?　　b. Um Viertel vor eins.　　c. Ich bin auch Professor.

5. Wie alt bist du?
   a. Ich bin im Mai geboren.　　b. Mein Bruder ist 21.　　c. Ich bin 23.

6. Wie findest du es hier?
   a. Ich weiß nicht wo.　　b. Meine Eltern wohnen in Frankfurt.　　c. Natürlich prima!

E. Udos Tag Use each word or phrase from the box to complete the conversation.

auf	aus	Deutsch	geht	habe
Hauptstadt	in fünf Minuten	liegt	Österreicher	Südosten

Ute　Guten Tag, Udo! Wie geht's?

Udo　Ach, es _____ (1) mir schlecht. Um elf Uhr

_____ (2) ich eine Prüfung. Der Professor ist

_____ (3) Österreich. Er ist _____ (4).

Wir sprechen nur _____ (5). Er fragt alles _____ (6)

Deutsch. Salzburg ist die _____ (7) von Österreich, oder?

UTE   Nein, Wien.

UDO   Österreich _____ (8) südlich von Deutschland, richtig?

UTE   Ja, im _____ (9).

UDO   Du, _____ (10) beginnt die Prüfung. Auf Wiedersehen!"

F. Liechtenstein Form complete sentences. Provide the appropriate prepositions (where needed), articles, and verb endings. Use the correct word order.

1. Liechtenstein / liegen / westlich / Österreich / und / südlich / Deutschland

_____

2. da / ungefähr / 33.500 Menschen / wohnen

_____

3. es / haben / Großstadt / nur

_____

4. Stadt / heißen / Vaduz

_____

5. Liechtensteiner *(pl.)* / sprechen / Deutsch

_____

G. Noch einmal Say it in German.

1. *We're learning German.*

_____

2. *I'm counting slowly.*

_____

3. *Where do you* (pl. fam.) *come from?*

_____

4. *They come from Canada.*

_____

5. *I'm from America.*

_____

6. *Do you* (sg. fam.) *answer in English?*

_____

7. *No, I'll speak German.*

_____

8. *She's opening the book.*

_____

9. *I do need the book.*

_____

10. *What does she say?*

_____

11. *Do you (sg. fam.) understand (that)?*

_____

12. *Is she repeating that?*

_____

13. *Her name is Sabrina.*

_____

14. *They <u>do</u> live in Wittenberg.*

_____

H. Was liegt wo? Look at the map. The capital letters represent different countries; lowercase letters represent rivers; numbers stand for cities. Create a key to the map by filling in the names in the spaces below. For reference, you may wish to check the map on the inside cover of your textbook.

LÄNDER	STÄDTE	FLÜSSE
A. _____	1. _____	a. _____
B. _____	2. _____	b. _____
C. _____	3. _____	c. _____
D. _____	4. _____	d. _____
E. _____	5. _____	e. _____
F. _____	6. _____	f. _____
G. _____	7. _____	
H. _____	8. _____	
I. _____	9. _____	
J. _____	10. _____	
K. _____	11. _____	
L. _____	12. _____	
	13. _____	
	14. _____	
	15. _____	

I. **Viele Länder, viele Sprachen** Study the chart. Then, complete each statement with the letter of the correct answer.

INDOEUROPÄISCHE SPRACHEN				NICHT INDO-EUROPÄISCHE SPRACHEN
Romanische Sprachen	Germanische Sprachen	Slavische Sprachen	Andere indogermanische Sprachen	
Französisch Italienisch Spanisch Portugiesisch Rumänisch	Englisch Deutsch Niederländisch Schwedisch Norwegisch Dänisch Isländisch Afrikaans	Russisch Polnisch Tschechisch Slowakisch Serbokroatisch Bulgarisch	Griechisch Albanisch Irisch . . .	Ungarisch Finnisch Türkisch Japanisch Arabisch Hebräisch Chinesisch Swahili . . .

1. Deutsch, Dänisch und _____ sind germanische Sprachen.
   a. Rumänisch   b. Englisch   c. Ungarisch

2. Auch _____ in Südafrika ist eine germanische Sprache.
   a. Swahili   b. Serbokroatisch   c. Afrikaans

3. Die Italiener, Spanier und _____ sprechen eine romanische Sprache.
   a. Portugiesen   b. Finnen   c. Grönländer

4. Tschechisch, Slowakisch und _____ sind slavische Sprachen.
   a. Bulgarisch   b. Arabisch   c. Rumänisch

5. Französisch, Deutsch und Russisch sind alles _____ Sprachen.
   a. germanische   b. indoeuropäische   c. sonstige(other)

6. Sprachen wie Finnisch, Japanisch und _____ sind keine indoeuropäischen Sprachen.
   a. Türkisch   b. Albanisch   c. Griechisch

J. **Aufsatz** Write a short paragraph of six to eight sentences about Germany and Europe, using these questions as guidelines. For details, you might consult the map of Germany on the inside cover of your textbook.

Wo liegt Deutschland und wie heißen ein paar (a couple of) Nachbarländer?
Welche Sprache(n) sprechen die Leute da?
Wie heißen ein paar Flüsse und wohin fließen (flow) sie?
Wie heißen ein paar Städte und wo liegen sie?
Wo gibt es Berge und wie heißen sie?

Zum Hören

GESPRÄCHE

CD 3,
Track 2

A. Im Lebensmittelgeschäft You will hear the following dialogue. First, listen to it in its entirety. Then, play it again and stop the recording after each sentence and repeat it.

VERKÄUFER	Guten Tag! Was darf's sein?
OLIVER	Ich hätte gern etwas Obst. Haben Sie denn keine Bananen?
VERKÄUFER	Doch, da drüben.
OLIVER	Was kosten sie?
VERKÄUFER	90 Cent das Pfund.
OLIVER	Und die Orangen?
VERKÄUFER	45 Cent das Stück.
OLIVER	Gut, zwei Pfund Bananen und sechs Orangen bitte!
VERKÄUFER	Sonst noch etwas?
OLIVER	Ja, zwei Kilo Äpfel bitte!
VERKÄUFER	€ 8,10 bitte! Danke! Auf Wiedersehen!

CD 3,
Track 3

B. In der Bäckerei Listen to the following dialogue.

VERKÄUFERIN	Guten Morgen! Was darf's sein?
SIMONE	Guten Morgen! Ein Schwarzbrot und sechs Brötchen bitte!
VERKÄUFERIN	Sonst noch etwas?
SIMONE	Ja, ich brauche etwas Kuchen. Ist der Apfelstrudel frisch?
VERKÄUFERIN	Natürlich, ganz frisch.
SIMONE	Gut, dann nehme ich vier Stück.
VERKÄUFERIN	Ist das alles?
SIMONE	Ich möchte auch ein paar Plätzchen. Was für Plätzchen haben Sie heute?
VERKÄUFERIN	Zitronenplätzchen, Schokoladenplätzchen, Butterplätzchen . . .
SIMONE	Hm . . . Ich nehme 300 Gramm Schokoladenplätzchen.
VERKÄUFERIN	Noch etwas?
SIMONE	Nein, danke. Das ist alles.
VERKÄUFERIN	Das macht dann € 9,55 bitte.

CD 3,
Track 4

Lesen Sie jetzt Simones Rolle! Beginnen wir!

CD 3,
Track 5

C. Was ist richtig? You will hear four questions about the dialogues. Select each correct answer.

1. a. 25 Cent das Stück
   b. € 5,60
   c. € 0,90 das Pfund

2. a. 2
   b. 6
   c. 50

3. a. 4
   b. 6
   c. 300

4. a. Apfelstrudel
   b. Weißbrot
   c. Schokoladenplätzchen

AUSSPRACHE: e, o ◄◄ For more practice pronouncing these sounds, see the Summary of Pronunciation Part II, subsections 2, 5, 14–16, 18, and 21 in the front of this *Arbeitsbuch*.

CD 3,
Track 6

A. Laute Hören Sie zu und wiederholen Sie!

1. [e:] **geh**en, **neh**men, **Kä**se, **Ge**genteil, **A**merika, **Tee**
2. [e] **es**, spr**e**chen, G**e**schäft, **M**ensch, H**e**md
3. [o:] **oh**ne **Boh**nen, **o**der, gr**o**ß, **O**bst, **Brot**
4. [o] k**o**mmen, d**o**ch, **O**sten, **N**orden, **S**onne

CD 3,
Track 7

B. Wortpaare Hören Sie zu und wiederholen Sie!

1. *gate* / geht   3. zähle / Zelle   5. Ofen / offen
2. *shown* / schon   4. den / denn   6. Bonn / Bann

Was hören Sie jetzt?   ....

STRUKTUR

CD 3,
Track 8

2.1 The present tense of *sein* and *haben*

A. Ich bin / Ich habe Ersetzen Sie das Subjekt!

1. Er ist aus Amerika. (Peter und Ellen)   2. Wir haben zwei Kinder. (Müllers)
   Peter und Ellen sind aus Amerika.   Müllers haben zwei Kinder.

   ....

CD 3,
Track 9

B. Die anderen auch Ersetzen Sie das Subjekt!

Ich habe drei Brüder. (Eva)
Eva hat auch drei Brüder.

....

CD 3,
Track 10

2.2 The accusative case and *n*-nouns

C. Was braucht man? Ersetzen Sie das Objekt!

1. Ich brauche eine Jacke. (Mantel)   4. Das ist für meine Mutter. (Vater)
   Ich brauche einen Mantel.   Das ist für meinen Vater.

   ....

2. Wir nehmen die Butter. (Käse)   5. Wir gehen durch die Stadt. (Zimmer)
   Wir nehmen den Käse.   Wir gehen durch das Zimmer.

   ....

3. Sehen Sie das Mädchen? (Kinder)
   Sehen Sie die Kinder?

   ....

CD 3,
Track 11

D. *Wen* oder *was*? Stellen Sie Fragen!

Wir lernen Geographie.
Was lernen wir?

....

CD 3,
Track 12

2.3 Sentence structure: Negation

E. Das stimmt nicht! Beantworten Sie die Fragen!

Kaufen Sie das für Ihren Großvater? (Onkel)
Nein, ich kaufe das für meinen Onkel.

....

F. Das ist kein . . . . Verneinen Sie die Sätze!

Das ist ein Satz.
Das ist kein Satz.

....

G. *Kein* oder *nicht*? Verneinen Sie die Sätze!

Wir haben Plätzchen.
Wir haben keine Plätzchen.

....

DIALOG

Geschäfte und Einkaufen

....

DIKTAT

Hören Sie zu und schreiben Sie, was Sie hören!

1. _____
2. _____
3. _____
4. _____
5. _____

VERSTEHEN SIE?

Einkaufspläne Hören Sie, was Julia und Annika sagen! Passen Sie auf!

Zum Erkennen: nämlich *(namely)*; erst *(only)*; mit *(along)*

....

Richtig oder falsch?

1. richtig   falsch
2. richtig   falsch
3. richtig   falsch
4. richtig   falsch
5. richtig   falsch
6. richtig   falsch

Video-Interviews

ZUM THEMA: „Was essen Sie zum Frühstück?"

Zum Erkennen: aufstehen *(to get up)*; zum *(for)*; daraus besteht *(here: that is)*; eigentlich *(actually)*; täglich *(daily)*; am liebsten *(preferrably)*; gekocht *(boiled)*; im Gegensatz zu *(in contrast to)*; dazu *(with it)*; entweder . . . oder *(either . . . or)*; der Honig *(honey)*; das Knäckebrot *(crispbread)*

Veit Schmetke

A. Wer hat was zum Frühstück? Listen and mark in the chart who has what for breakfast.

	Rasi	Siegmund	Schmetke	Müller	Wöllert
Trinken					
Brötchen					
Croissant					
Butter und Marmelade					
Honig					
Käse					
Wurst					
Nutella					
Eier					
Obst					

B. Was essen sie gern und was nicht? Give short answers for the following questions.

1. Wie viele Leute essen Brötchen oder Croissants? _____

2. Was haben Frau Siegmund und Herr Schmetke gern auf ihrem *(on their)* Brötchen oder Croissant? *(Name 2)* _____

3. Was findet Herr Müller auch lecker *(delicious)* auf seinem Brötchen? *(Name 2)* _____

4. Was hat Frau Siegmund auch gern zum Frühstück? _____

5. Wie viele Leute trinken morgens eine Tasse Kaffee? _____

6. Wer trinkt gern ein Glas Milch? _____

7. Trinken sie auch Tee? _____

8. Wer geht morgens zum Frühstück schon in ein Café? _____

C. Jetzt sind Sie dran! Now it's your turn. How would YOU answer the interview question? Write a connected paragraph of six to eight sentences about when and what you like to eat for breakfast. Is breakfast important to you?

Zum Schreiben

A. Erweitern Sie Ihren Wortschatz!

Because German and English are both members of the Germanic branch of the Indo-European language family, they share a lot of vocabulary. You already know quite a few cognates. Some are identical in spelling; some are very similar.

For each of the following English words, give the German cognate and, in the case of nouns, the gender, plural (where applicable), and the appropriate personal pronoun.

BEISPIEL   *word*
            das Wort, die Wörter / es

1. *shoe* _____	5. *butter* _____	9. *to cost* _____
2. *brother* _____	6. *land* _____	10. *to begin* _____
3. *family* _____	7. *brown* _____	11. *to drink* _____
4. *weather* _____	8. *green* _____	12. *to bring* _____

B. Läden und Lebensmittel In each category, list some appropriate items related to shopping.

Läden	Obst	Gemüse	Getränke	Sonstiges (other)

C. Auf Deutsch bitte!

1. *a couple of* _____
2. *a cup of coffee* _____
3. *a glass of milk* _____
4. *a piece of meat* _____
5. *a pound of apples* _____
6. *I'm hungry.* _____
7. *I'm thirsty.* _____
8. *Of course!* _____
9. *together* _____
10. *You are welcome.* _____

D. Kreuzworträtsel Fill in the crossword puzzle with the words from the box. For umlauts, write Ä, Ö, or Ü.

Bier	Ei	Bohne	Fleisch	Stück	Gemüse	Drogerie
Erdbeeren	Plätzchen	Käse	Tomate	Brot	Tee	Hunger

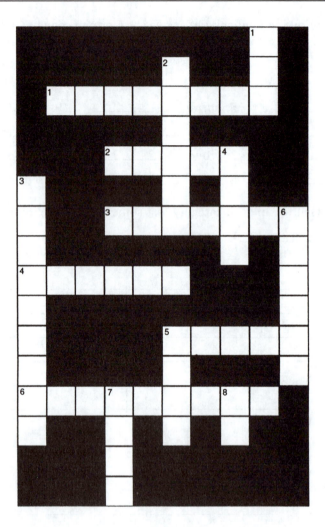

HORIZONTAL

1. Die . . . ist ein Geschäft. Da kauft man Shampoo, aber keine Medizin.
2. Möchten Sie ein . . . Kuchen?
3. Mittags essen die Deutschen oft . . . mit Gemüse und Kartoffeln.
4. Eine . . . ist rot.
5. Eine . . . ist lang und grün.
6. Man kauft oft . . . im Frühling. Ein Kuchen mit . . . schmeckt prima.

VERTIKAL

1. In England trinkt man viel . . .
2. Bohnen, Erbsen und Kartoffeln sind . . .
3. Kinder essen gern . . .
4. . . . ist ein Milchprodukt.
5. Studenten trinken gern . . .
6. Ich esse etwas. Ich habe . . .
7. Ich esse . . . mit Butter und Käse.
8. Morgens esse ich auch gern ein gekochtes . . .

E. Im Supermarkt Write each word or phrase from the box to complete the conversation.

den		er		gern		habe
	ein				etwas	was
ein			es	er		
	ein paar				Stück	

FRAU WERNER   Da ist _____ (1) Supermarkt. _____ (2) ist sehr gut.

Das Gemüse ist nicht billig, aber _____ (3) ist sehr frisch.

FRAU FRITSCH   Ich _____ (4) Hunger. _____ (5) kaufen wir?

FRAU WERNER   Ich brauche _____ (6) Wurst und Käse, _____ (7) Tomaten

und _____ (8) Brot.

FRAU FRITSCH   Sehen Sie _____ (9) Apfelkuchen? _____ (10) ist wunderbar.

FRAU WERNER   Ich esse _____ (11) Apfelkuchen.

FRAU FRITSCH   Geben Sie mir bitte drei _____ (12) Apfelkuchen!

F. Einkaufsbummel (Going shopping) Say it in German.

1. *We are walking through the department store.*

   _____

   _____

2. *There they have jackets and coats. They are inexpensive.*

   _____

   _____

3. *What do you (sg. fam.) have against the coat?*

   _____

   _____

4. *I don't need a coat, and I wouldn't like a jacket.*

   _____

   _____

5. *I would like a cup of coffee without milk.*

   _____

   _____

6. *What kind of cake would you (sg. fam.) like?—Cheesecake, of course!*

   _____

   _____

G. Lebensmittel und Preise Fill in the missing information based on the items in the advertisement.

Frische Zwiebelmett-wurst -.99 100 g

Frischwurst-Aufschnitt 6fach sortiert -.79 100 g

Westfälische Salami oder Cervelatwurst 1.29 je 100 g

Leberwurst grob oder fein -.69 je 100 g

Baguette 4 Sorten 250-/300-g-Packung 1.19

Frischkäse versch. Sorten je 200-g-Packung -.99

Holl. Gouda mittelalt, 48 % F. i. Tr. 100 g -.79

Holl. Boterkaas 50 % F. i. Tr. 100 g -.99

Stets frisch! **Gehacktes** Rind- u. Schweinefleisch gemischt 1 kg 4.-

Frisches **Schweinefilet** 1 kg 11.99

Sauerbraten nach Haus-frauen Art 1 kg 5.59

Krombacher Pils Kst. = 20 x 0,5-l-Fl. + 3,- Pfand 11.99

1. Hier gibt es Wurst, zum Beispiel _____ und _____.

2. Der Preis ist für je (each) _____ Gramm.   3. Natürlich

haben sie auch _____, zum Beispiel Baguettes.   4. Eine

Baguette _____ € 1,19.   5. Es gibt auch Käse, zum Beispiel

_____ und _____.   6. „Boterkaas" ist Butterkäse

auf Deutsch. Der Boterkaas kommt aus _____.   7. Gehacktes und

Sauerbraten sind _____.   8. Der Preis ist für je _____

Kilogramm.   9. Zwanzig Flaschen Krombacher Bier _____ € 11,99.

10. Das Pfand (deposit) für zwanzig _____ Bier ist € 3,–.

H. Dialog: Auf dem Markt

It's your turn to make a salad [fruit, mixed, Mediterranean, tuna, potato, etc.] and buy the ingredients at a German vegetable market. Decide which recipe you want to follow and make up your shopping list with the help of a dictionary, if needed. Be prepared that some items may not be available or not meet your expectations (some merchandise may be too small, too green, too old, too expensive, etc.). Begin with the expressions shown below and complete the dialogue as you see fit. Be creative, but try to use the vocabulary and expressions you already know!

KÄUFER(IN)   Guten Tag!
VERKÄUFER(IN) Guten Tag! Was darf's sein?
KÄUFER(IN)   Ich hätte gern . . . bitte.
VERKÄUFER(IN) Wir haben heute kein(e/en) . . . Aber . . . ist/sind ganz frisch.
KÄUFER(IN)   Nein, danke. Die sind zu . . . Haben Sie . . . ?

_____

_____

_____

_____

_____

_____

_____

_____

_____

_____

I. Aufsatz: Einkaufen hier in . . . Write a short paragraph about shopping in your hometown by answering these questions.

Was für Geschäfte gibt es in der Nähe *(nearby)*? Sind die Geschäfte billig oder teuer?
Wo kaufen Sie gewöhnlich Ihre Lebensmittel? Ihre Medizin? Ihre Kosmetik?
Wann haben die Geschäfte offen und wann sind sie zu?
Gibt es bei Ihnen auch einen Markt? Wenn ja, wann und wo? Was verkauft man da?

Zum Hören

GESPRÄCHE

CD 3,
Track 19

A. Im Restaurant You will hear the following dialogue. First, listen to it in its entirety. Then, play it again and stop the recording after each sentence and repeat it.

AXEL   Herr Ober, die Speisekarte bitte!
OBER   Hier bitte!
AXEL   Was empfehlen Sie heute?
OBER   Die Menüs sind alle sehr gut.
AXEL   Gabi, was nimmst du?
GABI   Ich weiß nicht. Was nimmst du?
AXEL   Ich glaube, ich nehme Menü 1: Schnitzel und Kartoffelsalat.
GABI   Und ich nehme Menü 2: Rindsrouladen mit Kartoffelklößen.
OBER   Möchten Sie etwas trinken?
GABI   Ein Glas Apfelsaft, und du?
AXEL   Mineralwasser. *(Der Ober kommt mit dem Essen.)* Guten Appetit!
GABI   Danke, gleichfalls . . . Hm, das schmeckt.
AXEL   Das Schnitzel auch.

CD 3,
Track 20

B. Später Listen to the following dialogue.

GABI   Wir möchten zahlen bitte!
OBER   Ja, bitte. Alles zusammen?
GABI   Ja. Geben Sie mir die Rechnung bitte!
AXEL   Nein, nein, nein!
GABI   Doch, Axel! Heute bezahle ich.
OBER   Also, einmal Menü 1, einmal Menü 2, ein Apfelsaft, ein Mineralwasser, zwei Tassen Kaffee. Sonst noch etwas?
AXEL   Ja, ein Brötchen.
OBER   Das macht € 30,30 bitte.
GABI   *(Sie gibt dem Ober € 40,–.)* 32 Euro bitte.
OBER   Und acht Euro zurück. Vielen Dank!

CD 3,
Track 21

Lesen Sie jetzt Gabis Rolle! Beginnen wir!

CD 3,
Track 22

C. Richtig oder falsch? You will hear five statements about the dialogues. For each statement, select **richtig** or **falsch**.

1. richtig   falsch
2. richtig   falsch
3. richtig   falsch
4. richtig   falsch
5. richtig   falsch

AUSSPRACHE: ü ◄◄ For more practice pronouncing these sounds, see the Summary of Pronunciation Part II, subsections 22–28 in the front of this *Arbeitsbuch.*

CD 3,
Track 23

A. Laute Hören Sie zu und wiederholen Sie!

1. [ü:] über, Tür, für, Frühling, Prüfung, Gemüse, südlich, grün, natürlich, müde
2. [ü] Flüsse, Würste, Stück, Jürgen Müller, München, fünf, fünfundfünfzig

CD 3,
Track 24

B. Wortpaare Hören Sie zu und wiederholen Sie!

1. vier / für	3. Stuhle / Stühle	5. fühle / Fülle
2. missen / müssen	4. Mutter / Mütter	6. Goethe / Güte

Was hören Sie jetzt? ....

STRUKTUR

3.1 Verbs with vowel changes

CD 3,
Track 25

A. Was nehmen Sie? Ersetzen Sie das Subjekt!

1. Nehmen Sie den Pudding? (ihr)
   Nehmt ihr den Pudding?

   ....

2. Wir fahren langsam. (er)
   Er fährt langsam.

   ....

3. Sie wird schnell fertig. (du)
   Du wirst schnell fertig.

   ....

3.2 The dative case

CD 3,
Track 26

B. Touristen Ersetzen Sie das Dativobjekt!

1. Die Stadt gefällt dem Engländer. (Amerikaner)
   Die Stadt gefällt dem Amerikaner.

   ....

2. Der Mantel gehört dem Mädchen. (Schwester)
   Der Mantel gehört der Schwester.

   ....

3. Ich kaufe meinem Vater ein Buch. (Mutter)
   Ich kaufe meiner Mutter ein Buch.

   ....

CD 3,
Track 27

C. Im Restaurant Ersetzen Sie das Dativobjekt!

1. Die Bedienung kommt mit der Speisekarte. (Salz)
   Die Bedienung kommt mit dem Salz.

   ....

2. Das Restaurant ist bei dem Markt. (Kaufhaus)
   Das Restaurant ist bei dem Kaufhaus.

   ....

3. Die Uhr ist von meinem Großvater. (Großmutter)
   Die Uhr ist von meiner Großmutter.

   ....

CD 3,
Track 28

D. *Wem* oder *wen*? Stellen Sie Fragen!

Er hilft dem Freund.
Wem hilft er?

....

CD 3,
Track 29

E. *Zu Hause* oder *nach Hause*? Bilden Sie neue Sätze!

Sie sind zu Hause. (fahren)
Sie fahren nach Hause.

....

LESETEXT

CD 3,
Track 30

Man ist, was man isst.

....

DIKTAT

CD 3,
Track 31

Hören Sie zu und schreiben Sie, was Sie hören!

1. _____

   _____

2. _____

   _____

3. _____

   _____

4. _____

   _____

5. _____

   _____

VERSTEHEN SIE?

CD 3,
Track 32

Frau Wagner geht einkaufen. Listen to the following passage twice. Passen Sie auf!

Zum Erkennen: die Metzgerei
(butcher shop)

....

CD 3,
Track 33

Richtig oder falsch?

1. richtig   falsch
2. richtig   falsch
3. richtig   falsch
4. richtig   falsch
5. richtig   falsch

Video-Interviews

Renate Siegmund

ZUM THEMA: „Was essen Sie gern zum Mittagessen?"

Zum Erkennen: der Eintopf *(stew)*; das einfache Gericht, -e *(simple dish)*; zubereiten *(to prepare)*; die Vorspeise, -n *(appetizer)*; fettig *(greasy)*; schwer *(heavy)*; allerdings *(however)*; das Eisbein *(pork knuckle)*; der Inder, - *(person from India)*; der Asiate, -n, -n / die Asiatin, -nen *(Asian person)*

A. Was passt? Fill in each blank with a word from the box. Not everything will be used.

> Bier   französische   Nachtisch   Suppe
>
> Braten   Inder   Pizza   Wein
>
> Cola   Italienisch   Reis
>
> Eintopf   Nudeln   Sauerkraut   Weißwurst

1. Herr Borchardt isst gern _____.

2. Lutz Krebs isst gern _____ mit Soße.

3. Frau Siegmund und ihr Mann gehen gern in italienische oder _____

   Restaurants. Als Vorspeise essen sie gern _____ und nach dem Essen

   gibt es oft einen _____. Machmal trinken sie zum Mittagessen auch

   ein Glas _____.

4. Matin liebt Pasta und _____.

5. Frau Wöllert findet, dass _____ typisch Deutsch ist, aber auch

   _____ und fettige Soßen. Sie isst gern deutsche Speisen, aber

   nicht gern _____ und Eisbein. Natürlich geht sie auch gern zum

   Italiener, _____ oder anderen Asiaten.

B. Jetzt sind Sie dran! Now it's your turn. How would YOU answer the interview question? Write a connected paragraph of six to eight sentences about your lunch and dinner preferences. Where do you like to eat, and what kind of internationl dishes are your favorites? What dishes don't you like? What do you prefer to drink with a meal and what not?

Zum Schreiben

A. Erweitern Sie Ihren Wortschatz!

By comparing groups of cognates, you can see that differences between English and German cognates developed quite systematically.

For each German word below, give the English cognate and indicate what the systematic difference is. Follow the example.

BEISPIELE   klar   *clear*   *a > ea*
            Jahr   *year*

1. alt   _____ > _____   5. Osten   _____ > _____

   kalt   _____   Bohne   _____

   lang   _____   6. gut   _____ > _____

2. Tee   _____ > _____   Buch   _____

   See   _____   Nudel   _____

3. Bier   _____ > _____   7. Suppe   _____ > _____

   Knie   _____   jung   _____

4. Sommer   _____ > _____

   Sonne   _____

   Onkel   _____

B. Was passt nicht? Select the word that does not belong.

1. das Restaurant—das Café—die Mensa—der Nachtisch

2. die Bedienung—der Ober—die Freundin—die Kellnerin

3. die Speisekarte—die Pommes (frites)—die Serviette—die Rechnung

4. das Frühstück—das Messer—die Gabel—der Löffel

5. die Flasche—die Blume—die Tasse—das Glas

6. der Zucker—der Pfeffer—das Salz—das Wasser

7. der Reis—die Kartoffeln—die Suppe—die Nudeln

8. das Würstchen—das Eis—der Pudding—der Kuchen

C. Auf Deutsch bitte!

1. *to order*

   _____

2. *to recommend*

   _____

3. *to stay*

   _____

4. *especially*

   _____

5. *usually*

   _____

6. *sometimes*

   _____

7. *everywhere*

   _____

8. *perhaps*

   _____

9. *something to eat*

   _____

10. *nothing to drink*

   _____

D. Was ist was? Write the German word for each numbered item in the photo. Include the proper article and the plural form.

1. _____   5. _____

2. _____   6. _____

3. _____   7. _____

4. _____   8. _____

E. Tom studiert in Heidelberg Complete the sentences using the words and phrases from the box.

aus	ein Glas	zur		nach
bei	eine Tasse	nach	um	
das	frühstückt	kalt	zum	

Tom ist Amerikaner. Er kommt _____ (1) Milwaukee. Er wohnt jetzt in Heidelberg

_____ (2) Familie Schneider. Da _____ (3) er und ist auch dort zum

Abendessen. _____ (4) Frühstück gibt es Joghurt oder Ei, Brot, Butter, Wurst

oder Marmelade und Kaffee. _____ (5) dem Frühstück geht Tom zur Universität.

Mittags geht er _____ (6) Mensa. Da ist _____ (7) Mittagessen nicht teuer.

_____ (8) fünf oder halb sechs geht er _____ (9) Hause. Das Abendessen ist

_____ (10). Herr Schneider trinkt gern _____ (11) Wein, aber Frau Schneider

trinkt _____ (12) Tee. Tom trinkt Milch, wie (*like*) die Kinder.

F. Was isst Alex? Form sentences.

1. Ober / geben / Alex / Speisekarte

   _____

2. Alex / lesen / Speisekarte / und / nehmen / Reis mit Hühnchen

   _____

3. er / essen / auch / etwas Salat / und / trinken / Glas Wein

   _____

4. zum Nachtisch / Ober / empfehlen / Schokoladenpudding

   _____

5. Restaurant / gefallen / Student (*sg.*)

   _____

G. Noch einmal Say it in German using **gefallen, möchten, mögen,** or **schmecken.**

BEISPIEL: *My cousin likes Hamburg.*
            Hamburg gefällt meinem Cousin.

1. *Ms. Bayer likes the country, but my father likes the city.*

   _____

   _____

2. *Your sister likes the lakes, and my brothers and sisters like the mountains.*

_____

_____

3. *My grandparents like the student, and the student likes my grandparents.*

_____

_____

4. *I like German, but I don't like French.*

_____

_____

5. *What do you* (pl. fam.) *like to eat?*

_____

_____

6. *I would like to have a Bratwurst, and Julia would like a Schnitzel.*

_____

_____

7. *Do you* (sg. fam.) *like fish?*

_____

8. *My friends like fish, but I don't like fish.*

_____

_____

9. *Ben loves to eat fish.*

_____

10. *The fish platter* (. . .**platte**) *tastes especially good.*

_____

_____

H. Dialog: Gehen wir zum Brunch? Some friends are planning to have brunch at the *Marché Hirschberg* on Sunday morning. Your friend Tom calls you and wonders if you and your family would like to join them. Look at the illustration, read what Tom has to say, and then write down your responses to complete the dialog.

TOM   Hallo, wie geht's?

SIE   _____

TOM   Ein paar Freunde und ich gehen am Sonntag zum Brunch. Kommst ihr auch?

SIE   _____

TOM   Zum Marché Hirschberg.

Kinder bis 110 cm sind eingeladen, Kinder bis 140 cm zahlen die Hälfte.

Familienbrunch im Marché Hirschberg

Genießen Sie unser frisches, vielseitiges Brunch-Angebot soviel Sie mögen. Jeden Sonn- und Feiertag 10 bis 14 Uhr für € 13,90 pro Person (inkl. einem Kaffee und einem frisch gepressten Saft 0,3l).

Picky's World lädt außerdem zum grenzenlosen Spielspaß auf 60 m² ein!

Neu: Ab Januar 2009 jeden zweiten Sonntag im Monat gibt es ein Extra-Buffet für Kinder. Rabatt auf Rückseite!

Bitte wenden!

SIE	_____
TOM	Von zehn bis zwei. Das Brunch ist wirklich gut und deine Kinder finden das bestimmt auch toll.
SIE	_____
TOM	Der Orangensaft ist frisch gepresst und der Kaffee kostet nichts extra. Was isst du gern zum Brunch?
SIE	_____
TOM	Hmm. Ich esse gern Omelett oder Waffeln mit Erdbeeren und Schlagsahne.
SIE	_____
TOM	Geh mal zum Internet! Da siehst du, was sie haben! Alles sehr lecker *(delicious)*.
SIE	_____
TOM	€ 13,90 pro Person.
SIE	_____
TOM	Von zehn bis zwei? Wir kommen so um elf.
SIE	_____
TOM	Also dann, bis Sonntag!
SIE	_____

I. Aufsatz: Essgewohnheiten Describe two of the following people in four to five sentences each.

1. Oskar, who is on a diet
2. Petra, who is a vegetarian
3. Nicole, who loves junk food
4. Irene, who thinks well-balanced meals and good nutrition are very important

BEISPIEL   Andreas, who doesn't care about calories

Andreas hat immer Hunger. Zum Frühstück isst er Cornflakes, Brötchen mit Butter und Marmelade und trinkt ein Glas Milch. Mittags isst er Fleisch, Gemüse und Kartoffeln, und zum Nachtisch Kuchen oder Eis. Nachmittags trinkt er Cola und isst Chips und abends isst er Butterbrot mit Wurst oder Käse und etwas Obst.

Rückblick: Kapitel 1–3

■ The review sections give a periodic summary of material that has been introduced in the preceding chapters. They are intended for reference and as a preparation for quizzes, tests, and finals. ■

I. Verbs

1. **Forms:** PRESENT TENSE

   a. Most verbs inflect like **danken:**

singular	plural
ich dank**e**	wir dank**en**
du dank**st**	ihr dank**t**
er dank**t**	sie dank**en**

   b. Verbs whose stem ends in **-d, -t,** or certain consonant combinations inflect like **antworten,** e.g., arbeiten, bedeuten, finden, kosten, öffnen, regnen.

singular	plural
ich antwort**e**	wir antwort**en**
du antwort**est**	ihr antwort**et**
er antwort**et**	sie antwort**en**

   c. Some verbs have vowel changes in the second and third person singular, e.g., essen, geben, helfen, nehmen, werden; empfehlen, lesen; gefallen, tragen.

	e → i sprechen	e → ie sehen	a → ä fahren	au → äu laufen
ich	spreche	sehe	fahre	laufe
du	**sprichst**	**siehst**	**fährst**	**läufst**
er	**spricht**	**sieht**	**fährt**	**läuft**

   d. Some verbs have irregular forms.

	haben	sein	werden	essen	nehmen
ich	habe	**bin**	werde	esse	nehme
du	**hast**	**bist**	**wirst**	**isst**	**nimmst**
er	**hat**	**ist**	**wird**	**isst**	**nimmt**
wir	haben	**sind**	werden	essen	nehmen
ihr	habt	**seid**	werdet	esst	nehmt
sie	haben	**sind**	werden	essen	nehmen

2. **Usage**

   a. German has only one verb to express what English says with several forms.

   Er **antwortet** meinem Vater. { *He **answers** my father.*
*He **is answering** my father.*
*He **does answer** my father.* }

   b. The present tense occasionally expresses future time.

   Im Mai **fährt** sie nach Aachen. { *She **is going** to Aachen in May.*
*She **will be going** to Aachen in May.* }

II. Nouns and pronouns

1. You have learned three of the four German cases.

   a. The NOMINATIVE is the case of the subject.

   > Da kommt **der Ober. Er** bringt das Essen.

   It is also used for PREDICATE NOUNS following the linking verbs **heißen, sein,** and **werden.**

   > Der Herr **heißt** Oskar Meyer.
   > Er **ist** Wiener.
   > Er **wird** Vater.

   b. The ACCUSATIVE is the case of the direct object.

   > Wir fragen **den Freund.**

   It follows the prepositions durch, für, gegen, ohne, um.

   c. The DATIVE is the case of the indirect object.

   > Rotkäppchen bringt **der Großmutter** den Wein.

   It follows the prepositions aus, außer, bei, mit, nach, seit, von, zu.

   It also follows the verbs antworten, danken, gefallen, gehören, glauben, helfen, schmecken.

   Nouns in the dative plural have an **-n** ending unless the plural ends in **-s.**

   > die Freunde / den Freunde**n** BUT die Kulis / den Kulis

   d. *N*-nouns

   Some masculine nouns have an **-n** or **-en** ending in all cases (singular and plural) except in the nominative singular.

   > der Franzose, **-n, -n**   der Mensch, **-en, -en**
   > der Herr, **-n, -en**   der Nachbar, **-n, -n**
   > der Junge, **-n, -n**   der Student, **-en, -en**

   > Der Junge fragt den Nachbar**n.** Der Nachbar antwortet dem Junge**n.**

2. The following chart shows the case forms of the DEFINITE and INDEFINITE ARTICLES.

	SINGULAR			PLURAL
	masc.	neut.	fem.	
nom.	der ein kein	das ein kein	die eine keine	die – keine
acc.	den einen keinen			
dat.	dem einem keinem	dem einem keinem	der einer keiner	den – keinen

Mein, dein, and **Ihr** follow the pattern of **ein** and **kein.**

3. These are the case forms of the INTERROGATIVE PRONOUNS.

	persons	things and ideas
nom.	wer?	was?
acc.	wen?	was?
dat.	wem?	

III. Sentence structure

1. **Verb position**

   a. In a German statement, the verb must be the second GRAMMATICAL ELEMENT. The element before the verb is not necessarily the subject.

   1   2

   Ich **sehe** meinen Vater morgen.

   Morgen **sehe** ich meinen Vater.

   Meinen Vater **sehe** ich morgen.

   b. A verb phrase consists of an inflected verb and a complement that completes its meaning. Such complements include predicate nouns, predicate adjectives, some accusatives, and other verbs. When the verb phrase consists of more than one part, the inflected part (V1) is the second element in a statement, and the other part (V2) stands at the very end of the sentence.

   Das **ist**   meine Schwester.
   Du **bist**   prima.
   Er **spielt** sehr gut   **Tennis.**
   Jetzt **<u>gehen</u>** wir schnell **<u>essen.</u>**
   V1   V2

2. **Negation**

   a.

   nicht + (ein) = kein

Möchten Sie **ein** Eis?	Nein, ich möchte **kein** Eis.
Möchten Sie Erdbeeren?	Nein, ich möchte **keine** Erdbeeren.

   b.

S V1 0 definite time expression	↑	other adverbs or adverbial phrases V2.
	nicht	

   Wir spielen heute **nicht** mit den Kindern Tennis.

3. **Clauses**

   Coordinate clauses are introduced by COORDINATING CONJUNCTIONS.

   aber, denn, oder, und

   Coordinating conjunctions do not affect the original word order of the two sentences.
   Ich bezahle den Kaffee **und** du bezahlst das Eis.

Name _____ Datum _____ Kurs _____

■ Answers to all exercises in this section are given in the Answer Key in the back of this *Arbeitsbuch*. ■

WORTSCHATZWIEDERHOLUNG

A. Nennen Sie das Gegenteil!

1. kaufen _____

2. fragen _____

3. kommen _____

4. nördlich _____

5. im Westen _____

6. offen _____

7. alles _____

8. billig _____

9. dick _____

10. groß _____

11. schnell _____

12. toll _____

B. Nennen Sie den Artikel!

1. _____ Buttermilch   4. _____ Salatkartoffel   7. _____ Marmeladenbrot

2. _____ Bananeneis   5. _____ Lebensmittelrechnung 8. _____ Obstkuchen

3. _____ Kartoffelsalat   6. _____ Limonadenflasche   9. _____ Zitronenpudding

C. Was fehlt?

1. Vater, Mutter und Kinder sind zusammen eine _____.

2. In Deutschland isst man Brot mit Wurst, Käse oder Fisch zum _____.

3. Für Suppe, Pudding oder Eis braucht man einen _____.

4. Orangen, Bananen, Erdbeeren und Äpfel sind _____.

5. Erbsen, Karotten und Bohnen sind _____.

6. Der Vater von meiner Mutter ist mein _____, aber der Bruder von meiner Mutter
   ist mein _____.

7. Zum Schreiben braucht man einen _____ oder einen _____ und
   ein Stück _____.

8. Im Winter braucht man einen _____ oder eine _____.

9. Hier essen die Studenten: _____.

10. Hier essen die Leute Kuchen und trinken Kaffee oder Tee: _____.

11. Hier kauft man Röcke und Blusen, Jacken und Hosen, auch Schuhe: _____.

STRUKTURWIEDERHOLUNG

D. Verben Write it in German.

1. **Ich trinke Saft.**
   We drink juice. Do you (**ihr**) *drink juice? She doesn't drink juice.*

   _____

   _____

2. **Sie antwortet den Leuten.**
   I'm answering the people. They answer the people. Does she answer the people? Answer (formal) *the people. Don't* (formal) *answer the people. Why aren't you* (**ihr**) *answering the people?*

   _____

   _____

   _____

   _____

3. **Er fährt nach Stuttgart.**
   They're driving to Stuttgart. Why is she driving to Stuttgart? I'm not going to drive to Stuttgart. Are you (**ihr**) *driving to Stuttgart? Drive* (formal) *to Stuttgart. Don't* (formal) *drive to Stuttgart.*

   _____

   _____

   _____

   _____

4. **Wir essen Fisch.**
   Who's eating fish? Are you (**ihr**) *eating fish? They don't eat fish. Eat* (formal) *fish.*

   _____

   _____

5. **Sie werden müde.**
   I'm getting tired. She's not getting tired. Don't (formal) *get tired. Who's getting tired? We're getting tired, too.*

   _____

   _____

6. **Er hat Hunger.**
   I'm hungry. Are you (**ihr**) *hungry? Who's hungry? They're hungry. They're not hungry. We're hungry.*

   _____

   _____

7. **Sie ist sehr groß.**
   You're (**ihr**) *very tall. They're not very tall. I'm very tall. Isn't he tall?*

   _____

   _____

E. Nominativ, Akkusativ und Dativ Say it in German.

1. **Herr Díaz ist Spanier.**
   Mr. Schmidt is (an) Austrian. No, he's from Switzerland. Is Ms. Bayer an Austrian? She's not an Austrian either. (She's also not an Austrian.) They say Ms. Klein is an American. Joe is an American, too.

   _____

   _____

   _____

   _____

2. **Hier gibt es einen Supermarkt.**
   There's a river here (a restaurant, no cafeteria, no lake). There are mountains here (bakeries, lakes, no stores, no cafés).

   _____

   _____

   _____

   _____

3. **Das Geschäft gehört den Großeltern.**
   Who does the store belong to? (To whom does the store belong?) What belongs to the grandfather? She says it doesn't belong to the brother. It doesn't belong to the aunt.

   _____

   _____

   _____

   _____

4. **Der Herr bringt der Freundin Blumen.**
   What is he bringing to the girlfriend? Who's he bringing flowers to? (To whom is he bringing flowers?) Who's bringing flowers? Why is he bringing flowers? Isn't he bringing flowers to the girlfriend? They're bringing the children some cookies. Is she bringing the friends a bottle of wine? He's bringing the neighbors apples. I'm bringing the sisters some books.

   _____

   _____

   _____

   _____

   _____

Name _____ Datum _____ Kurs _____

F. Präpositionen Fill in the blanks.

BEISPIEL   durch / Land   für / Herr
             durch <u>*das*</u> *Land*   *für* <u>*den*</u> *Herrn*

durch: _____ Stadt, _____ Kaufhaus, _____ Supermarkt

für: _____ Kuchen, _____ Vater, _____ Junge___ *(sg.)*, _____ Eltern, _____ Familie

gegen: _____ Leute, _____ Restaurant, _____ Bedienung, _____ Ober, _____ Mensch___ *(pl.)*

ohne: _____ Essen, _____ Speisekarte, _____ Pudding, _____ Herr___, _____ Geschwister

um: _____ Geschäft, _____ Markt, _____ Mensa, _____ Tisch

aus: _____ Flasche, _____ Gläser___, _____ Supermarkt, _____ Bäckerei, _____ Café

außer: _____ Bruder, _____ Eltern, _____ Schwester, _____ Leute___, _____ Student___ *(sg.)*

bei: _____ Supermarkt, _____ Apotheke, _____ Nachbar___ *(sg.)*, _____ Familie

mit: _____ Herr___ *(sg.)*, _____ Freundin, _____ Löffel, _____ Messer, _____ Gabel

nach: _____ Frühstück, _____ Mittagessen, _____ Vorlesung, _____ Kaffee

seit: _____ Abendessen, _____ Frühling, _____ Zeit

von: _____ Ober, _____ Tante, _____ Kinder___, _____ Mutter, _____ Studentin

zu: _____ Restaurant, _____ Mensa, _____ Markt, _____ Apotheke

G. Beantworten Sie alle Fragen mit *kein* oder *nicht*!

1. Gibt es heute Schokoladenpudding? _____

2. Hilft der Junge dem Vater? _____

3. Sehen Sie den Ober? _____

4. Haben Sie ein Messer? _____

5. Brauchen wir heute Milch? _____

6. Geht ihr nach Hause? _____

7. Haben Sie Rindsrouladen? _____

8. Trinkt er Kaffee? _____

9. Isst sie gern Eis? _____

10. Ist Max dein Freund? _____

11. Hast du Durst? _____

12. Ist es heute sehr kalt? _____

Name _____ Datum _____ Kurs _____

H. Was fehlt?

1. Heute geht Frau Müller _____ Drogerie _____ Bäckerei und
   from the   *to the*

_____ Supermarkt. 2. Dann geht sie _____ Markt. 3. Da kauft sie
to the   *to the*

Blumen _____ Großmutter, denn sie hat Geburtstag *(birthday)*. 4. Frau Müller
         for the

braucht auch ein paar Flaschen Wein, denn Freunde _____ Wien kommen.
                                                   from

5. Dann geht sie wieder _____ Hause und macht das Mittagessen _____
                         to   *for the*

Familie: _____ Vater und _____ Kinder. 6. _____ eins sind
         for the   *for the*   *at*

alle _____ Hause. 7. _____ Mittagessen gibt es heute Schnitzel,
     at   *for the*

Kartoffelsalat und Bohnen. 8. _____ Mittagessen machen die Kinder Hausaufgaben.
                              after the

9. _____ halb fünf geht Frau Müller _____ Kindern _____
   at   *with the*   *to the*

Großmutter. 10. _____ Großeltern feiern *(celebrate)* sie _____ Kaffee und
                at the   *with*

Kuchen. 11. _____ Kaffee gehen Müllers _____ Stadt _____
            after the   *through the*   *to*

Hause. 12. Die Kinder essen abends _____ Eltern, denn sie gehen früh *(early)*
                                    without the

schlafen. 13. Die Eltern lesen und sprechen noch etwas _____ Abendessen,
                                                        after the

aber nicht lange, denn sie sind schon *(already)* _____ halb sieben auf.
                                                   since

14. _____ zehn gehen sie auch schlafen.
    at

I. Was ist richtig?

1. _____ gehört die Apotheke?
   a. Wer   b. Was   c. Wen   d. Wem

2. Dieser Herr ist _____ Amerikaner.
   a. _____   b. ein   c. einen   d. einem

3. Wie gefällt Ihnen _____?
   a. der See   b. den See   c. dem See   d. die Seen

4. _____ ihr noch nicht fertig?
   a. Sein   b. Seid   c. Sind   d. Bist

5. _____ du die Landkarte?
   a. Hat   b. Habt   c. Hast   d. Habe

6. Ist das Buch für _____ Vater?
   a. Ihr   b. Ihren   c. Ihrem   d. Ihre

7. Mein Cousin _____ morgen nach Berlin.
   a. fahre   b. fährst   c. fährt   d. fahrt

8. Außer _____ Studentin sind alle hier.
   a. der   b. die   c. dem   d. den

9. _____ ihr auch Hunger?
   a. Hast   b. Hat   c. Habt   d. Habe

10. _____ du gern Äpfel?
   a. Esse   b. Isst   c. Esst   d. Ist

11. Die Uhr ist von _____ Großeltern.
   a. mein   b. meine   c. meinem   d. meinen

12. Rotkäppchen bringt _____ Großmutter _____ Kuchen.
   a. die / dem   b. der / den   c. der / dem   d. die / den

13. Der Kellner empfiehlt _____ Herrn _____ Fisch.
   a. dem / den   b. den / dem   c. der / dem   d. die / den

14. Hier gibt es _____ Supermarkt.
   a. kein   b. keinem   c. keine   d. keinen

15. Ich gehe jetzt zu _____ Freundin.
   a. meine   b. meinem   c. mein   d. meiner

16. Das Kind wohnt _____ seiner Tante.
   a. mit   b. ohne   c. zu   d. bei

17. Geht ihr noch nicht _____ Hause?
   a. _____   b. nach   c. zu

18. _____ die Kusine nicht Englisch?
   a. Sprecht   b. Spricht   c. Spreche   d. Sprechen

19. Ich nehme Käsekuchen. Was _____ du?
   a. nehmt   b. nehme   c. nimmt   d. nimmst

20. Außer _____ Bruder essen alle Suppe.
   a. mein   b. meiner   c. meinen   d. meinem

J. Auf Deutsch bitte!

1. *Mr. and Mrs. Schmidt are coming for dinner.*

   _____

2. *Axel and I are helping at home.*

   _____

3. *He's carrying the plates and I'm carrying the knives and forks.*

   _____

   _____

4. *What's for dessert, pudding or ice cream?*

   _____

5. *I have no pudding and no ice cream.*

   _____

6. *But I would like something for dessert!*

_____

7. *They don't like to eat dessert.*

_____

8. *My goodness, they are already here!*

_____

Ohne Fleiß kein Preis
No pain, no gain.

Zum Hören

GESPRÄCHE

CD 4,
Track 2

A. Am Telefon Hören Sie gut zu. Wiederholen Sie dann das Gespräch noch einmal und wiederholen Sie jeden *(each)* Satz!

NADJA   Hallo, Simon!
SIMON   Hallo, Nadja! Wie geht's dir denn?
NADJA   Nicht schlecht, danke. Was machst du am Wochenende?
SIMON   Nichts Besonderes. Warum?
NADJA   Erik hat übermorgen Geburtstag und wir geben eine Party.
SIMON   Super! Aber bist du sicher, dass Erik übermorgen Geburtstag hat? Ich glaube, sein Geburtstag ist am siebten Mai.
NADJA   Quatsch! Erik hat am dritten Mai Geburtstag. Und Samstag ist der dritte.
SIMON   Na gut. Wann und wo ist die Party?
NADJA   Samstag um sieben bei mir. Aber nichts sagen! Es ist eine Überraschung.
SIMON   Okay! Also, bis dann!
NADJA   Tschüss! Mach's gut!

CD 4,
Track 3

B. Erik klingelt bei Nadja. Hören Sie zu!

NADJA   Grüß dich, Erik! Herzlichen Glückwunsch zum Geburtstag!
ERIK   Wie bitte?
SIMON   Ich wünsche dir alles Gute zum Geburtstag.
ERIK   Tag, Simon! . . . Hallo, Silke! Tobias und Sabine, ihr auch?
ALLE   Wir gratulieren dir zum Geburtstag!
ERIK   Danke! So eine Überraschung! Aber ich habe nicht heute Geburtstag, mein Geburtstag ist am siebten.
NADJA   Echt? Na, dann hat Simon doch recht gehabt. Ach, das macht nichts. Wir feiern heute.

CD 4,
Track 4

Lesen Sie jetzt die Rolle von Erik! Beginnen wir!

CD 4,
Track 5

C. Was stimmt? Antworten Sie kurz *(briefly)* auf Deutsch!

    1. _____
    2. _____
    3. _____
    4. _____

AUSSPRACHE: ch, ck ◀◀ For more practice pronouncing these sounds, see the Summary of Pronunciation Part III, subsections 13–15 in the front of this *Arbeitsbuch*.

CD 4,
Track 6

A. Laute Hören Sie zu und wiederholen Sie!

    1. [ç] i**ch**, ni**ch**t, fur**ch**tbar, viellei**ch**t, man**ch**mal, spre**ch**en, Re**ch**nung, Mäd**ch**en, Mil**ch**, dur**ch**, gewöhnli**ch**, ri**ch**tig, wi**ch**tig
    2. [x] a**ch**, a**ch**t, ma**ch**en, Weihna**ch**ten, au**ch**, brau**ch**en, Wo**ch**e, no**ch**, do**ch**, Bu**ch**, Ku**ch**en, Ba**ch**, Ba**ch**ara**ch**
    3. [ks] se**chs**, se**chs**te
    4. [k] di**ck**, Zu**ck**er, Bä**ck**er, Ro**ck**, Ja**ck**e, Frühstü**ck**, schme**ck**en

B. Wortpaare Hören Sie zu und wiederholen Sie!

1. mich / misch
2. Kirche / Kirsche
3. nickt / nicht
4. lochen / locken
5. Nacht / nackt
6. möchte / mochte

Was hören Sie jetzt? ....

STRUKTUR

Ordinals

A. Daten Lesen Sie die folgenden Daten laut!
1.11.
der erste November

1.11.   12.4.   31.12.   12.7.   22.3.   18.5.   11.11.   1.8.   30.1.

4.1 The present perfect with *haben*

B. Essen und Einkaufen Ersetzen Sie das Subjekt!

1. Ich habe Obst gekauft. (wir)
   Wir haben Obst gekauft.

   ....

2. Hat sie schon gegessen? (ihr)
   Habt ihr schon gegessen?

   ....

C. Kevin und Vera Ersetzen Sie das Verb!

1. Ich habe Kevin ein Buch gekauft. (geben)
   Ich habe Kevin ein Buch gegeben.

   ....

2. Wir haben Vera nicht gesehen. (finden)
   Wir haben Vera nicht gefunden.

   ....

D. Was haben Sie am Wochenende gemacht? Bilden Sie Sätze!

eine Party geben
Ich habe eine Party gegeben.

....

4.2 The present perfect with *sein*

E. Nach Hause Ersetzen Sie das Subjekt!

Sie ist nach Hause gegangen. (wir)
Wir sind nach Hause gegangen.

....

F. Jetzt und früher Sagen Sie es im Perfekt!

Sie laufen um den See.
Sie sind um den See gelaufen.

....

4.3 Subordinating conjunctions

G. Fragen Beginnen Sie mit *Er fragt, . . .* !

Wie viel Uhr ist es?
Er fragt, wie viel Uhr es ist.

....

H. Briefe Beginnen Sie mit *Sie schreibt, dass . . .* !

Erik hat Geburtstag gehabt.
Sie schreibt, dass Erik Geburtstag gehabt hat.

....

BERICHT

Da macht das Feiern Spaß!

....

DIKTAT

Hören Sie zu und schreiben Sie, was Sie hören!

1. _____

_____

2. _____

_____

3. _____

_____

4. _____

_____

5. _____

_____

VERSTEHEN SIE?

Der Geburtstag Hier ist ein Bild von Marianne. Hören Sie zu, was ihr Mann Peter gemacht hat!

....

Richtig oder falsch?

1. richtig   falsch   4. richtig   falsch
2. richtig   falsch   5. richtig   falsch
3. richtig   falsch

Name _____ Datum _____ Kurs _____

Video-Interviews

ZUM THEMA: „Was ist Ihr Lieblingsfeiertag und warum?"

Zum Erkennen: Lieblings- *(favorite)*; sich treffen *(to meet)*; der Gänserbraten, - *(roast goose)*; sich unterhalten *(to chat)*; miteinander *(together)*; sich auskennen mit *(to be familiar with)*; nach vorne schauen *(to look ahead)*; vergangen *(past)*; gelungen *(successful)*; umfassen *(to include)*; meistens *(mostly)*; zelebrieren *(to celebrate)*; blumenreich *(with lots of flowers)*; deswegen *(therefore)*; lange *(for a long time)*; trotzdem *(still)*; aufholen *(to catch up)*

Helmut Borchart

A. Was sagen sie über die Feiertage? Antworten Sie kurz *(briefly)*!

1. Wer kommt bei Borchardts zu Weihnachten zusammen?

   _____

2. Was gibt es am Heiligabend?

   _____

3. Was essen sie traditionell am ersten Feiertag?

   _____

4. Wo feiert Herr Axer Weihnachten?

   _____

5. Wie viele Leute kommen da zusammen?

   _____

6. Warum ist für Frau Zunker Silvester und Neujahr besonders schön?

   _____

7. Was gefällt Frau Passaro an der Osterzeit?

   _____

8. Was gefällt ihr generell an Feiertagen?

   _____

9. Wann ist Nationalfeiertag in Deutschland.

   _____

10. Tut Herr Zelmisi an dem Tag etwas Besonderes?

   _____

B. Jetzt sind Sie dran! Now it's your turn. How would YOU answer the interview question? Write a connected paragraph of six to eight sentences about your favorite holiday and how you celebrate it.

Zum Schreiben

A. Erweitern Sie Ihren Wortschatz!

German and English cognates have several very regular patterns of correspondence.

In each group, give the German equivalents of the English words and determine the particular consonant relationship as shown.

BEISPIEL   *have*
                haben   v > b

1. *book* _____ > _____
   cake _____
   milk _____
   to make _____

2. *thick* _____ > _____
   thin _____
   brother _____
   to thank _____

3. *pound* _____ > _____
   pepper _____
   penny _____
   apple _____

4. *water* _____ > _____
   hot _____
   white _____
   great _____

5. *two* _____ > _____
   ten _____
   time _____
   salt _____

6. *right* _____ > _____
   neighbor _____
   eight _____
   daughter _____

7. *good* _____ > _____
   loud _____
   cold _____
   door _____

B. Wortkombinationen Give the missing article and the English equivalent.

1. die Geburt *(birth)* + das Datum = _____ Geburtsdatum; _____

2. der Geburtstag + die Überraschung = _____ Geburtstagsüberraschung;
_____

3. die Kinder + der Geburtstag + das Geschenk = _____ Kindergeburtstagsgeschenk;
_____

4. (das) Weihnachten + die Kerze = _____ Weihnachtskerze; _____

5. die Lieder + das Buch = _____ Liederbuch; _____

6. die Ferien + der Kalender = _____ Ferienkalender; _____

7. die Familie + die Feier = der Tag = _____ Familienfeiertag; _____

8. das Fest + der Tag + das Essen = _____ Festtagsessen; _____

Name _____ Datum _____ Kurs _____

C. Kreuzworträtsel

VERTIKAL
1. *understood*
2. *candle*
3. *pronoun for holiday*
4. *done*
5. *celebrations*
7. *although*
9. *sure*
13. *(the) first birthday*
14. *around*
17. *sun*
19. *there*
20. *when?*
21. *skirt*
25. *whether*

HORIZONTAL

3. *ice cream*
6. *before*
8. *vacation*
10. *sentence*
11. *because*

12. *girl's name*
14. *and*
15. *pronoun for birthday*
16. *out of*

18. *song*
20. *you (sg. fam.) are becoming*
22. *because*
23. *pink*

24. *ago*
26. *still*
27. *never*
28. *to do*

D. Christkindlmarkt Remember the *Fokus* section and illustration on "The Christmas Season"? This photo is taken at the same place. Complete the statements.

1. Das Bild zeigt den Christkindlmarkt in _____.
   a. Leipzig
   b. Nürnberg
   c. Hamburg

2. Es ist _____.
   a. Morgen
   b. Mittag
   c. Abend

3. Das Wetter ist schön und _____.
   a. die Sonne scheint
   b. es ist windig
   c. es regnet

4. Viele Leute tragen _____, denn es ist nicht sehr warm.
   a. Mäntel   b. Jacken   c. Röcke

5. Auf dem Markt _____ es Hunderte von Buden und die Atmosphäre ist prima.
   a. geben   b. gibt   c. gebt

6. In den Buden *(booths)* verkauft man Weihnachtsdekorationen, Spielzeug und Lebkuchen, aber das _____ man hier nicht so gut.
   a. sehen   b. seht   c. sieht

7. Der Christkindlmarkt _____ gewöhnlich vier Wochen, vom 1. Advent bis Weihnachten.
   a. dauert   b. feiert   c. arbeitet

8. Über *(over)* zwei Millionen _____ kommen dann zu diesem Markt.
   a. Freunde   b. Menschen   c. Nachbarn

E. Der Geburtstag Fill in the blanks with forms of the present perfect.

1. haben   Am Samstag _____ mein Vater Geburtstag _____.

2. werden   Er _____ fünfundfünfzig _____.

3. sein   Meine Großeltern, Onkel, Tanten, Cousins und Kusinen _____ hier _____.

4. kommen   Auch ein paar Freunde _____ _____.

5. gratulieren   Alle _____ meinem Vater _____.

6. bekommen   Er _____ viele Geschenke _____.

7. schenken   Wir _____ meinem Vater ein paar Flaschen Wein und eine DVD _____.

8. trinken/essen   Wir _____ Kaffee _____ und Kuchen _____.

9. bleiben   Meine Großeltern _____ zum Abendessen _____.

10. öffnen   Meine Mutter _____ eine Flasche Sekt _____.

11. singen/tanzen   Wir _____ _____ und auch etwas _____.

12. machen   Die Party _____ meinem Vater Spaß _____.

F. Meine Ferien Form sentences.

1. Harald / sagen // dass / er / fahren / nach Hause / zu Weihnachten

   _____

2. ich / kaufen / für alle / Geschenke // bevor / ich / fahren / nach Hause

   _____

3. obwohl / ich / haben / nur eine Woche / Ferien // es / sein / da / immer / sehr schön

   _____

4. zu / Silvester / kommen / noch / Freunde *(present perfect)*

   _____

5. das / machen / viel Spaß *(present perfect)*

   _____

6. es / geben / viel Gutes / zu essen und zu trinken *(present perfect)*

   _____

7. wir / sehen / auch / ein Feuerwerk *(present perfect)*

   _____

8. du / fragen // wie lange / wir / feiern *(second clause present perfect)*

   _____

9. wir / schlafen / nicht viel *(present perfect)* // weil / wir / gehen / erst morgens um sechs / schlafen *(both clauses in present perfect)*

_____

_____

10. am Morgen / schlafen / wir / dann natürlich / lange *(present perf.)*

_____

G. Auch wir haben gefeiert. Say it in German, using the present perfect.

1. *On New Year's Eve, we went to the* Münchner Ratskeller.

_____

_____

2. *That was not cheap, but it was a lot of fun.*

_____

3. *The food tasted great.*

_____

4. *At midnight* (**um Mitternacht**), *we drank a glass of champagne and ate some sausages.*

_____

_____

5. *I also liked to go the dessert buffet* (**das . . . buffet**).

_____

6. *The celebration began at 6:30 P.M. and we danced until 3 A.M. in the morning.*

_____

H. Wann sagt man das? On a separate piece of paper, describe situations in which these expressions are appropriate responses.

BEISPIEL   Ich gratuliere Ihnen!

Meine Musiklehrerin hat einen Musikpreis bekommen.

1. Gute Besserung!
2. Das ist nett von dir!
3. Das gibt's doch nicht!
4. Vielen Dank!
5. Herzlichen Glückwunsch!
6. Schönes Wochenende!
7. Bis später!
8. Viel Glück!
9. So eine Überraschung!
10. Bitte, bitte! Nichts zu danken!

I. Eine E-Mail: Grüße aus . . . Write a short note to your family or friends telling them how you are and how you spent your weekend.

BEISPIEL   Am Wochenende bin ich einkaufen gegangen . . .

Zum Hören

GESPRÄCHE

CD 4,
Track 20

A. Entschuldigen Sie! Wo ist . . . ? Hören Sie gut zu. Wiederholen Sie dann das Gespräch noch einmal und wiederholen Sie jeden *(each)* Satz!

TOURIST	Entschuldigen Sie! Können Sie mir sagen, wo das Hotel Sacher ist?
WIENER	Erste Straße links hinter der Staatsoper.
TOURIST	Und wie komme ich von da zum Stephansdom?
WIENER	Geradeaus, die Kärntner Straße entlang.
TOURIST	Wie weit ist es zum Dom?
WIENER	Nicht weit. Sie können zu Fuß gehen.
TOURIST	Danke!
WIENER	Bitte schön!

CD 4,
Track 21

B. Da drüben! Hören Sie zu!

TOURIST	Entschuldigung! Wo ist das Burgtheater?
HERR	Es tut mir leid. Ich bin nicht aus Wien.
TOURIST	Verzeihung! Ist das das Burgtheater?
DAME	Nein, das ist nicht das Burgtheater, sondern die Staatsoper. Fahren Sie mit der Straßenbahn zum Rathaus! Gegenüber vom Rathaus ist das Burgtheater.
TOURIST	Und wo hält die Straßenbahn?
DAME	Da drüben links.
TOURIST	Vielen Dank!
DAME	Bitte sehr!

CD 4,
Track 22

Lesen Sie jetzt die Rolle des Touristen! Beginnen wir!

CD 4,
Track 23

C. Was stimmt? Sie hören drei Fragen. Antworten Sie sie kurz auf Deutsch!

1. _____

2. _____

3. _____

AUSSPRACHE: ö ◀◀ For more practice pronouncing these sounds, see the Summary of Pronunciation Pronunciation Part II, subsections 29–36 in the front of this *Arbeitsbuch*.

CD 4,
Track 24

A. Laute Hören Sie zu und wiederholen Sie!

1. [ö:] **Ö**sterreich, Br**ö**tchen, G**oe**the, sch**ö**n, gew**öh**nlich, franz**ö**sisch, h**ö**ren
2. [ö] **ö**ffnen, **ö**stlich, k**ö**nnen, L**ö**ffel, zw**ö**lf, n**ö**rdlich, m**ö**chten

CD 4,
Track 25

B. Wortpaare Hören Sie zu und wiederholen Sie!

1. kennen	3. große	5. Söhne
2. Söhne	4. schon	6. Höhle

Was hören Sie jetzt?   ....

STRUKTUR

5.1 Personal pronouns

A. *Er, sie* **oder** *es?* Ersetzen Sie das Subjekt mit einem Pronomen!

Da kommt Ihr Onkel.
Da kommt er.

....

B. **Ja, das stimmt.** Antworten Sie mit **ja** und ersetzen Sie das Objekt!

1. Fragt ihr den Großvater?
   Ja, wir fragen ihn.

   ....

2. Gehört es dem Touristen?
   Ja, es gehört ihm.

   ....

3. Ist das für Heidi?
   Ja, das ist für sie.

   ....

4. Fährst du mit den Touristen?
   Ja, ich fahre mit ihnen.

   ....

5.2 Modal auxiliary verbs

C. *Müssen, können, wollen, mögen* Ersetzen Sie das Subjekt!

1. Wir müssen einen Stadtplan kaufen. (du)
   Du musst einen Stadtplan kaufen.

   ....

2. Sie können zu Fuß gehen. (man)
   Man kann zu Fuß gehen.

   ....

3. Ich will lange schlafen. (Erika)
   Erika will lange schlafen.

   ....

4. Ich möchte ihm glauben. (wir)
   Wir möchten ihm glauben.

   ....

5.3 Personal pronouns and modal auxiliaries

D. Wer bekommt was? Antworten Sie mit einem Akkusativpronomen!

Wem gibst du die Schokolade? (meiner Schwester)
Ich gebe sie meiner Schwester.

....

E. Was zeigst du ihnen? Ersetzen Sie das Dativobjekt!

Was zeigst du dem Amerikaner? (den Dom)
Ich zeige ihm den Dom.

....

BRIEF

Grüße aus Wien

....

DIKTAT

Hören Sie zu und schreiben Sie, was Sie hören!

1. _____

   _____

2. _____

   _____

Name _____ Datum _____ Kurs _____

3. _____

_____

4. _____

_____

5. _____

_____

VERSTEHEN SIE?

CD 4,
Track 33

Beim Heurigen Hören Sie zu!
Zum Erkennen: der Heurige *(new wine)*; die
Heurigen schänke, -n *(Viennese wine-tasting
inn)*; der Musikant, -en *(musician)*
....

CD 4,
Track 34

Richtig oder falsch?

1. richtig   falsch
2. richtig   falsch
3. richtig   falsch
4. richtig   falsch
5. richtig   falsch

Video-Interviews

Mark Müller

ZUM THEMA: „Was gefällt Ihnen in Österreich?"

Zum Erkennen: deshalb *(therefore)*; landschaftlich *(scenerywise)*; deftig
(solid); herzhaft *(tasty)*; fetthaltig *(fatty)*; die Süßspeise, -n *(sweet, dessert)*;
die Rosine, -n *(raisin)*; einfallen *(to come to mind)*; vor allen Dingen
(mainly); lecker *(delicious)*; anbieten *(to offer)*

A. Richtig oder falsch?

_____ 1. Herr Axer ist noch nie in Österreich gewesen.
_____ 2. Er fährt furchtbar gern nach Frankreich.
_____ 3. Weil er den Süden von Deutschland so schön findet, mag er auch Österreich.
_____ 4. Das österreichische Essen schmeckt ihm nicht, weil es viel zu fettig ist.
_____ 5. Süßspeisen wie Kaiserschmarren schmecken ihm aber gut.
_____ 6. Kaiserschmarren isst man gewöhnlich mit Schokolade und Eis.
_____ 7. Mark Müller isst auch gern Desserts und findet den österreichischen Nachtisch
lecker.
_____ 8. Sie sagen nichts von Wiener Würstchen.
_____ 9. Herr Axer spricht auch vom Skilaufen in Österreich.
_____ 10. Da kann man natürlich gut Ski laufen, weil es da so viele Seen gibt.

B. Jetzt sind Sie dran! Now it's your turn. How would YOU answer the interview question?
Write a connected paragraph of six to eight sentences of what comes to mind when you think
of Austria. Have you ever been there? If not, what would you like to see there? What kind of
Austrian food would you like to eat?

Zum Schreiben

A. Erweitern Sie Ihren Wortschatz!

> Some cognates have changed their meaning over the centuries, although one can readily see the common element.

Match each German word on the left with its English cognate on the right. Then give the modern English equivalent. The first one is done as an example.

1. Hose	_j_ _pants_		a. *bloom*
2. Tafel	_____ _____		b. *dame*
3. Herbst	_____ _____		c. *dish*
4. Zeit	_____ _____		d. *dome*
5. Eltern	_____ _____		e. *elders*
6. weit	_____ _____		f. *fare*
7. fahren	_____ _____		g. *flesh*
8. Fleisch	_____ _____		h. *flask*
9. Dom	_____ _____		i. *harvest*
10. Dame	_____ _____		✓ j. *hose*
11. Flasche	_____ _____		k. *mantle*
12. Mantel	_____ _____		l. *stool*
13. Tisch	_____ _____		m. *table*
14. Blume	_____ _____		n. *tide*
15. Stuhl	_____ _____		o. *wide*

B. In der Stadt Fill in the blanks with new vocabulary from this chapter.

1. Wenn man mit dem Bus oder der Straßenbahn fahren möchte, geht man zur _____.

2. Vor dem Bahnhof gibt es gewöhnlich viele _____. Sie bringen Sie, wohin Sie wollen.

3. Vor oder unter dem Bahnhof gibt es oft auch eine _____-Station.

4. Wer mit dem Fahrrad fährt, kann auf der _____ fahren oder auf einem _____.

5. Ein Stadtplan zeigt, wo die Straßen und _____ in einer Stadt sind.

6. Eine _____ geht gewöhnlich über einen Fluss.

7. Mit sechs Jahren müssen alle Kinder zur _____ gehen.

8. Wenn sie groß sind, gehen viele von ihnen dann zur _____.

9. Wenn man Bücher nicht kaufen möchte, sondern nur lesen, dann kann man in die _____ gehen.

10. Zu den Attraktionen einer Stadt gehören _____, _____ und _____.

Name _____ Datum _____ Kurs _____

C. Auf Deutsch bitte!

1. *across from* _____

2. *enough* _____

3. *for hours* _____

4. *in the vicinity* _____

5. *pleasant, cozy* _____

6. *unfortunately* _____

7. *well-known* _____

8. *to stroll* _____

9. *to visit (a site)* _____

10. *I'm sorry.* _____

D. Elisabeth schreibt ihren Eltern Fill in the blanks.

euch	euch	ihr	in der Nähe vom	kann	soll	Tage
möchte	mir	mir		könnt	nach Hause	sondern	wollen	zu
			mir			

Graz, den 12. Juni

Liebe Eltern!

Jetzt bin ich schon drei _____ (1) in Graz. Mein Hotel liegt ganz zentral,

_____ (2) Bahnhof. Ich bringe _____ (3)

einen Stadtplan, wenn ich _____ (4) komme. Dann

_____ (5) ihr sehen, wo alles liegt. Graz gefällt _____ (6)

sehr gut. Von meinem Hotel _____ (7) man nicht nur die Stadt,

_____ (8) auch den Fluss, den Dom und die Berge sehen. Ich gehe hier viel

_____ (9) Fuß. Erika, eine Studentin, hilft _____ (10)

viel. Wir _____ (11) morgen ein Zimmer suchen. Ich

_____ (12) mit _____ (13) am Sonntag zum

Schlossberg gehen. Von dort _____ (14) man Graz wunderbar sehen. Wie ihr seht,

geht es _____ (15) sehr gut. Ich schreibe _____ (16)

wieder.

Viele Grüße,

Eure Elisabeth

E. Pläne für den Nachmittag Form sentences.

1. heute / wir / wollen / bummeln / durch / Stadt

   _____

2. ich / nicht / wollen / fahren / mit / Bus // sondern / Fuß / gehen

   _____

3. ich / müssen / gehen / zu / Post

   _____

4. wir / können / einkaufen gehen / mit / Steffen // wenn / er / kommen / aus / Mensa

   _____

   _____

5. hier / es / geben / ein Schloss / und / ein Schlosspark

   _____

6. können / du / sagen / mir // ob / es / sein / offen / heute?

   _____

F. Noch einmal Say it in German.

1. **Sätze mit Dativverben**
   a. *Did I write (to) you (sg. fam.) that Anna and Tom surprised us with a party?*

   _____

   b. *They congratulated us and also gave me some flowers.*

   _____

   c. *You (pl. fam.) don't believe me?*

   _____

   d. *I'll show you (pl. fam.) a couple of pictures.*

   _____

   e. *Who does that belong to (To whom does that belong)?*

   _____

   f. *That belongs to me.*

   _____

2. **Sätze mit Modalverben**
   a. *He wants to see the cathedral.*

   _____

   b. *We are hungry and have to eat something.*

   _____

   c. *You (pl. fam.) are supposed to speak German.*

   _____

d. *Would you (pl. fam.) like a fish sandwich (fish roll)?*

_____

e. *Could you (formal) tell us please, where there is a Nordsee-Restaurant?*

_____

f. *May I see your city map?*

_____

G. Österreich The capital letters on the map of Austria represent different countries; lowercase letters represent rivers, lakes, mountains, or mountain passes; numbers stand for cities. Create a key to the map by filling in the names in the spaces provided. You may wish to check the map in your textbook.

LÄNDER	STÄDTE	FLÜSSE / SEEN / BERGE
A. _____	1. _____	a. _____
B. _____	2. _____	b. _____
C. _____	3. _____	c. _____
D. _____	4. _____	d. _____
E. _____	5. _____	e. _____
F. _____	6. _____	f. _____
G. _____	7. _____	g. _____
		h. _____
		i. _____

H. Fragen zum Stadtplan A tourist is asking you questions about how to get to certain places in Vienna. Refer to the map and give them directions by selecting the correct phrase in parentheses. You are first prompted with the starting location.

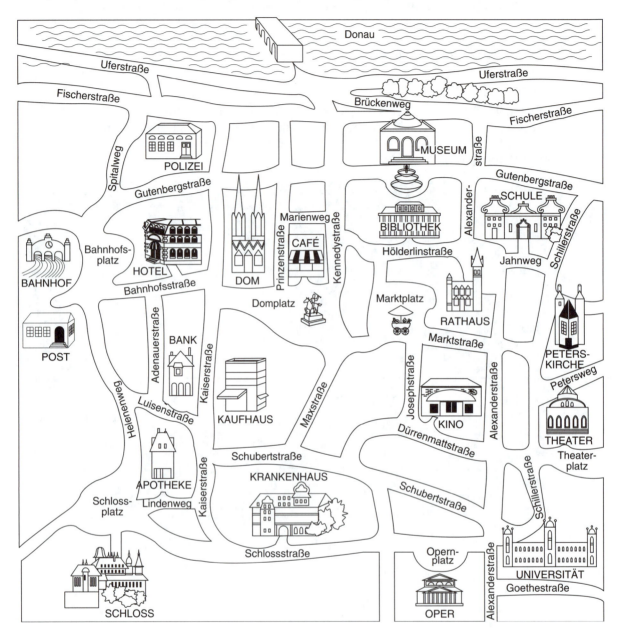

BEISPIEL   am Bahnhof
—Entschuldigen Sie, bitte! Wie komme ich von hier zum Hotel?
—Da drüben ist die Bahnhofsstraße. Gehen Sie immer geradeaus die Bahnhofsstraße entlang. Dann sehen Sie (links / rechts) das Hotel.

1. am Hotel
—Entschuldigen Sie, bitte! Wie kommt man von hier zur Oper?
—Sehen Sie den Dom? Beim Dom gehen Sie (links / rechts) in die Kaiserstraße und immer geradeaus bis zur Schlossstraße, am Krankenhaus vorbei, und dann kommen Sie direkt zum Opernplatz mit der Oper (links / rechts).

2. am Opernplatz
—Bitte, wo ist das Rathaus?
—Da drüben bei der Universität ist die Alexanderstraße. Gehen Sie die Alexanderstraße entlang, immer geradeaus. Dann sehen Sie (links / rechts) das Rathaus.

3. am Rathaus
—Verzeihung! Können Sie mir sagen, wie ich von hier zum Museum komme?
—Gehen Sie da drüben zum Domplatz und dann (links / rechts) neben dem Café in die Kennedystraße und immer geradeaus bis zur Gutenbergstraße! Auf der Gutenbergstraße gehen Sie (links / rechts) und dann sehen Sie (links, rechts) schon das Museum.

4. beim Museum
—Ach, entschuldigen Sie! Wie weit ist es von hier zur Peterskirche?
—Nicht weit. Die Peterskirche ist in der Nähe vom Theater. Gehen Sie die Gutenbergstraße entlang bis zur Schillerstraße, auf der Schillerstraße (links / rechts) und dann (links / rechts) in den Petersweg. Dann stehen Sie vor der Peterskirche.

5. bei der Peterskirche
—Können Sie mir bitte sagen, wie man von hier zum Schloss kommt?
—Gehen Sie die Schillerstraße entlang bis zur Universität. Dann gehen Sie etwas (links / rechts) weiter zum Opernplatz und die Schlossstraße immer geradeaus. Da kommen Sie direkt zum Schloss. Wenn das zu weit ist, können Sie auch mit dem Bus oder der U-Bahn fahren.

I. **Brief: Gruß aus Amerika** Pretend that you are a German exchange student in the United States or in Canada. Write eight to ten sentences to your family in Germany telling them about what is going on in your life, and about the city of your host family.

Zum Hören

GESPRÄCHE

CD 5,
Track 2

A. Wohnung zu vermieten Hören Sie gut zu. Wiederholen Sie dann das Gespräch noch einmal und wiederholen Sie jeden Satz!

ANNA	Hallo, mein Name ist Anna Moser. Ich habe gehört, dass Sie eine Zweizimmerwohnung zu vermieten haben. Stimmt das?
VERMIETER	Ja, in der Nähe vom Dom, mit Blick auf den Marktplatz.
ANNA	Wie alt ist die Wohnung?
VERMIETER	Ziemlich alt, aber sie ist renoviert und schön groß und hell. Sie hat sogar einen Balkon.
ANNA	Einen Balkon? Das ist ja toll! Ich habe viele Pflanzen. In welchem Stock liegt sie?
VERMIETER	Im dritten Stock.
ANNA	Ist sie möbliert oder unmöbliert?
VERMIETER	Unmöbliert.
ANNA	Und was kostet die Wohnung?
VERMIETER	550 Euro.
ANNA	Ist das kalt oder warm?
VERMIETER	Kalt.
ANNA	Oje, das ist mir ein bisschen zu teuer. Na ja, vielen Dank! Auf Wiederhören!
VERMIETER	Auf Wiederhören!

CD 5,
Track 3

B. In der WG (Wohngemeinschaft) Hören Sie zu!

ANNA	Euer Haus gefällt mir!
JÖRG	Wir haben noch Platz für dich. Komm, ich zeige dir alles! . . . Hier links ist unsere Küche. Sie ist klein, aber praktisch.
ANNA	Wer kocht?
JÖRG	Wir alle: Benno, Verena und ich.
ANNA	Und das ist das Wohnzimmer?
JÖRG	Ja. Es ist ein bisschen dunkel, aber das ist okay.
ANNA	Eure Sessel gefallen mir.
JÖRG	Sie sind alt, aber echt bequem . . . So, und hier oben sind dann vier Schlafzimmer und das Bad.
ANNA	Mm, das Schlafzimmer ist sehr gemütlich, aber nur ein Bad?
JÖRG	Ja, leider! Aber unten ist noch eine Toilette.
ANNA	Was bezahlt ihr im Monat?
JÖRG	Jeder 200 Euro.
ANNA	Nicht schlecht! Und wie kommst du zur Uni?
JÖRG	Kein Problem. Ich gehe zu Fuß.
ANNA	Klingt gut!

CD 5,
Track 4

Lesen Sie jetzt Annas Rolle! Beginnen Sie!

CD 5,
Track 5

C. Was stimmt? Sie hören vier Fragen über *(about)* den Dialog. Welche Antwort ist richtig?

1. Warum kann Anna die Wohnung am Dom nicht nehmen?
   a. Sie ist ziemlich alt.
   b. Sie ist schön groß und hell.
   c. Sie ist unmöbliert.
   d. Sie kostet zu viel.

2. Wie viele Leute wohnen in der WG?
   a. Benno, Verena und Jörg
   b. Anna
   c. der Vermieter
   d. acht Studenten

3. Wie viele Schlafzimmer hat das Haus?
   a. eins
   b. vier
   c. 200
   d. viele

4. Wie sind die Sessel?
   a. klein, aber praktisch
   b. ein bisschen dunkel
   c. schön groß und hell
   d. alt, aber sehr bequem

AUSSPRACHE: ei, au, eu, äu ◄◄ For more practice pronouncing these sounds, see the Summary of Pronunciation Part II, subsections 37–39 in the front of this *Arbeitsbuch*.

CD 5,
Track 6

A. Laute Hören Sie zu und wiederholen Sie!

1. [ai] w**ei**t, l**ei**der, **ei**gentlich, z**ei**gen, f**ei**ern, bl**ei**ben
2. [au] **au**f, bl**au**grau, B**au**m, K**au**fhaus, br**au**chen, l**au**fen
3. [oi] **eu**ch, h**eu**te, t**eu**er, L**eu**te, Fr**eu**nde, H**äu**ser, B**äu**me

CD 5,
Track 7

B. Wortpaare Hören Sie zu und wiederholen Sie!

1. *by* / bei	3. *mouse* / Maus	5. aus / Eis
2. *Troy* / treu	4. Haus / Häuser	6. euer / Eier

Was hören Sie jetzt? ....

STRUKTUR

6.1 Two-way prepositions

CD 5,
Track 8

A. *Wo* oder *wohin*? Ersetzen Sie die Präposition!

1. Die Jungen spielen vor dem Haus. (an / See)
   Die Jungen spielen am See.

   ....

2. Stellen Sie das Fahrrad vor das Haus! (in / Garage)
   Stellen Sie das Fahrrad in die Garage!

   ....

B. In der Stadtmitte oder zu Hause Antworten Sie mit der neuen Präposition!

CD 5,
Track 9

1. Wo ist die Bank? (neben / Hotel)
Neben dem Hotel.

....

2. Wohin sollen wir die Kommode stellen? (in / Schlafzimmer)
Ins Schlafzimmer!

....

6.2 Imperatives

C. Wünsche und Befehle Bilden Sie den Imperativ!

CD 5,
Track 10

1. Sagen Sie Frau Meier, was sie tun soll! (gut schlafen)
Schlafen Sie gut!

....

2. Sagen Sie Detlef, was er tun soll! (Deutsch sprechen)
Sprich Deutsch!

....

6.3 *Wissen* vs. *kennen*

D. Wer weiß? Ersetzen Sie das Subjekt!

CD 5,
Track 11

Sie wissen die Antwort. (er)
Er weiß die Antwort.

....

E. Ich weiß, dass . . . Antworten Sie mit *Nein, aber ich weiß, dass . . .* und ersetzen Sie das
Pronomen!

CD 5,
Track 12

Kennst du Jutta? (interessant)
Nein, aber ich weiß, dass sie interessant ist.

....

LESETEXT

CD 5,
Track 13

Schaffen, sparen, Häuschen bauen

....

DIKTAT

CD 5,
Track 14

Hören Sie zu und scheiben Sie, was Sie hören!

1. _____
   _____

2. _____
   _____

3. _____
   _____

4. _____
   _____

5. _____
   _____

VERSTEHEN SIE?

CD 5, Track 15

Beate in Freiburg Sehen Sie auf das Bild und hören Sie zu!

....

Was stimmt?

1. a. auf einem Fahrradweg   b. mitten auf der Straße   c. über eine Brücke
2. a. eine Lampe   b. ein Teppich   c. eine Uhr
3. a. vor einem Haus   b. in der Garage   c. im Garten
4. a. aus einem Café   b. um die Ecke   c. in die Wohnung
5. a. ersten   b. zweiten   c. dritten

Name _____ Datum _____ Kurs _____

Video-Interviews

Matin

ZUM THEMA: „Was finden Sie typisch Deutsch?"

Zum Erkennen: pünktlich *(punctual)*; sparsam *(thrifty)*; entspannt
(relaxed); die Weltmeisterschaft, -en *(world championship)*; der Beweis, *-e*
(proof); die Eigenschaft, -en *(characteristic)*; die Ernsthaftigkeit
(seriousness); die Gewissenhaftigkeit *(conscientiousness)*; darüber
hinaus *(beyond that)*; eher *(rather)*; das Anfangsstadium *(beginning
stage)*; im Vergleich zu *(in comparison to)*; sich verlassen auf *(to
rely on)*; abfahren *(to depart)*; erscheinen *(to appear)*; dadurch, dass
(because); umso deutlicher klar *(all the more clear)*; erklären *(to
explain)*; achten auf *(to pay attention to)*

A. Was haben sie gesagt?

1. Was finden Herr Krebs, Herr Axer und Matin typisch für
   die Deutschen?

   _____

2. Wo sieht man das laut *(according to)* Matin besonders?

   _____

3. In welchen europäischen Ländern soll das nicht so sein?

   _____

4. Herr Borchardt findet, dass die Deutschen viel offener geworden sind und was noch?

   _____

5. Wo hat man das besonders gesehen?

   _____

6. Mit wem arbeitet Frau Passaro viel zusammen?

   _____

7. Was findet sie typisch bei den Deutschen?

   _____

8. Wie wollen sie zeigen, dass sie diszipliniert sind?

   _____

9. Was gehört zum typischen deutschen Essen?

   _____

10. Was ist noch im Anfangsstadium in der deutschen Küche?

    _____

B. Jetzt sind Sie dran! Now it's your turn. How would YOU answer the interview question?
Write a connected paragraph of six to eight sentences of what you see as typically German.

Zum Schreiben

A. Erweitern Sie Ihren Wortschatz!

Both German and English have a large amount of vocabulary based on Greek and Latin. However, the pronunciation and syllable stress are different in German and in English.

For each word below, put a stress mark (') at the end of the stressed syllable. If you don't remember, look up the word in the vocabulary at the end of your textbook. The first one is done for you as an example.

1. Atmosphä're	8. Museum	15. studieren
2. Biologie	9. Republik	16. demokratisch
3. Bibliothek	10. Theater	17. interessant
4. Dialekt	11. Universität	18. privat
5. Information	12. Zentrum	19. modern
6. Konsulat	13. diskutieren	20. typisch
7. Medizin	14. reservieren	

B. Leben in der Stadt Fill in the blanks with new vocabulary from this chapter.

1. Viele Leute in der Stadt wohnen in einer _____. Für den Besitzer (owner) ist es seine _____.

2. Wenn viele Häuser direkt nebeneinander (next to each other) stehen, sind das _____.

3. Studenten wohnen relativ billig in _____.

4. Eine Wohnung hat typischerweise eine _____, ein _____ und ein oder zwei _____.

5. Natürlich braucht man auch ein _____.

6. Zur Küche gehören ein _____ und auch ein Herd mit einem Ofen.

7. Im Wohnzimmer gibt es gewöhnlich ein _____ und ein Tischchen, ein paar _____ und vielleicht auch einen Esstisch mit _____.

8. Für das Schlafzimmer braucht man ein _____, einen _____ und vielleicht auch eine _____.

9. Im Arbeitszimmer steht ein _____ mit einem _____.

10. An den Wänden hängen oft _____, oben an der Decke (ceiling) eine _____ und vor den Fenstern _____.

C. Auf Deutsch bitte!

1. *a little bit* _____

2. *almost* _____

3. *downstairs / upstairs* _____

4. *even* _____

5. *not yet* _____

6. *quite* _____

7. *in the country* _____

8. *in the evening* _____

9. *in the middle of* _____

10. *That sounds good.* _____

D. Ferienwohnung zu verkaufen Look at the floor plan and complete the statements about it.

1. Hier sieht man den Grundriss *(floor plan)* von einer _____ in d_____

Ferienparadies *(n.)* Zingst. 2. Das Städtchen liegt auf ein_____ Halbinsel *(f., peninsula)* an

d_____ Ostsee *(f.)*. 3. Die Wohnung ist i_____ ersten _____ und _____

€ 129.920. 4. Am Eingang *(entrance)* gibt es eine Diele und neben d_____ Diele ein

_____ mit Dusche und Waschmaschine. 5. Von der Diele geht es weiter

in_____ _____. 6. Gegenüber vom Wohnzimmer sieht man einen _____

mit vier _____. 7. Diese Essecke ist nicht separat in ein_____ _____,

sondern mitten in d_____ _____. 8. Von da geht es links und rechts in

ein_____ _____. 9. Sie haben kein Bad, aber es gibt ja das Bad neben d_____

_____. 10. Vom Wohnzimmer kommt man auf ein_____ _____

mit einem Sonnenschirm *(m., umbrella)* und einer Liege *(f., lounge chair)*. 11. Auf d_____

Liege unter d_____ Sonnenschirm kann man schön schlafen. 12. Die Wohnung liegt ganz in d____ Nähe vom Stadtzentrum, nur zehn Minuten zu Fuß. 13. Der Strand (m., beach) ist auch nicht weit. 14. Man muss nur über d____ Straße und über ein____ Fahrradweg gehen und da ist man schon a____ Strand. 15. Wer gern Fahrrad fährt, kann auf d____ Weg stundenlang durch die Natur fahren. Das macht Spaß!

E. Reisepläne Form sentences.

1. wohin / ihr / fahren / Sommer?

_____

2. ich / fahren / in / Schweiz // weil / mein Bruder / leben / in / Schweiz

_____

_____

3. wir / können / schwimmen / in / See / oder / gehen / in / Wald

_____

4. Sie (formal) / kennen / Hermann?

_____

5. Sie (formal) / wissen // wo / er / arbeiten?

_____

6. ich / glauben // in / Geschäft / zwischen / Drogerie / und / Supermarkt

_____

_____

F. Wohin? Say it in German.

1. *Put* (formal) *the plates in the kitchen.*

_____

2. *Put* (pl. fam.) *the carpet in the living room.*

_____

3. *Where am I supposed to hang the picture?*

_____

4. *I don't know. Hang* (sg. fam.) *it over the sofa.*

_____

5. *Where is the bathroom?*

_____

6. *Go* (formal) *into the hallway. It's next to the bedroom.*

_____

G. Wohnungssuche Read the rental ads and then write your own.

Holger (24) sucht WG-Zimmer bis €225, warm, ab 15.12., Tel.: 29 88 23	Mein Hund und ich (27) suchen ein Zuhause zum 1.12., hell, ruhig, mit Garten. Tel.: 43 56 91.
Suche 2-Zimmer, Küche, Bad, möglichst zentral und billig. Steffi: 86 29 58	Paar (Nichtraucher) sucht 3-4 Zimmerwohnung, U-Bahn-Nähe, sind so gut wie nie da, zahlen pünktlich unsere Miete. Tel.: 59 52 21
Studentin (23) sucht ruhiges Zimmer oder Wohnung, max. €400, zum 15.11., Tel.: 72 35 55 (ab 17 Uhr).	Familie mit 3 Kindern sucht Haus oder Wohnung, mindestens 4 1/2 Zimmer, Balkon oder Garten. Tel.: 83 32 48

_____

_____

_____

_____

_____

_____

H. Anzeigen

1. Zimmer / Wohnung zu vermieten
   You have decided to rent out the place where you currently live because you will be in a foreign studies program for a year. Write an ad in German. If possible, include a photo to make it more enticing!

2. Mein Traumhaus
   What is your dream house? If you had all the money in the world, what would the house ad say so that you would be compelled to respond to it instantly? In German, write an ad for your dream house.

Zum Hören

GESPRÄCHE

A. Auf der Bank Hören Sie gut zu. Wiederholen Sie dann das Gespräch noch einmal und wiederholen Sie jeden Satz!

TOURISTIN	Guten Tag! Wo kann ich hier Dollar umtauschen?
ANGESTELLTE	Haben Sie eine Kreditkarte?
TOURISTIN	Ja, eine Kreditkarte und eine Debitkarte aus Kanada.
ANGESTELLTE	Nun, dann gehen Sie am besten da drüben oder draußen am Eingang an den Geldautomaten. Mit der Debitkarte ist der Wechselkurs etwas besser.
TOURISTIN	Vielen Dank!
ANGESTELLTE	Bitte, bitte!

B. An der Rezeption im Hotel Hören Sie zu!

EMPFANGSDAME	Guten Abend!
GAST	Guten Abend! Haben Sie ein Einzelzimmer frei?
EMPFANGSDAME	Für wie lange?
GAST	Für zwei oder drei Nächte; wenn möglich ruhig und mit Bad.
EMPFANGSDAME	Leider haben wir heute nur noch ein Doppelzimmer, und das nur für eine Nacht. Aber morgen wird ein Einzelzimmer frei. Wollen Sie das Doppelzimmer sehen?
GAST	Ja, gern.
EMPFANGSDAME	Zimmer Nummer 12, im ersten Stock rechts. Hier ist der Schlüssel.
GAST	Sagen Sie, kann ich meinen Koffer einen Moment hier lassen?
EMPFANGSDAME	Ja, natürlich. Stellen Sie ihn da drüben in die Ecke!
GAST	Danke! Noch etwas, wann machen Sie abends zu?
EMPFANGSDAME	Um 24.00 Uhr. Wenn Sie später kommen, müssen Sie klingeln.

Lesen Sie jetzt die Rolle vom Gast! Beginnen wir!

C. Richtig oder falsch? Sie hören sechs Sätze. Stimmt das?

1. richtig	falsch		4. richtig	falsch
2. richtig	falsch		5. richtig	falsch
3. richtig	falsch			

AUSSPRACHE: ie, ei ◄◄ For more practice pronouncing these sounds, see the Summary of Pronunciation Part II, subsections 37, 40–41 in the front of this *Arbeitsbuch.*

A. Laute Hören Sie zu und wiederholen Sie!

1. [ei] s**ei**t, w**ei**ßt, bl**ei**bst, l**ei**der, fr**ei**, R**ai**ner, M**ey**er, B**ay**ern
2. [ie] w**ie**, w**ie** v**ie**l, n**ie**, l**ie**ben, l**ie**gen, m**ie**ten, l**ie**s, s**ie**h, D**ie**nstag
3.   v**ie**ll**ei**cht, B**ei**spiel, bl**ei**ben / bl**ie**ben, h**ei**ßen / h**ie**ßen, W**ie**n / W**ei**n, W**ie**se / w**ei**ß

B. Wortpaare Hören Sie zu und wiederholen Sie!

CD 5,
Track 21

1. See / Sie
2. beten / bieten
3. biete / bitte
4. Miete / Mitte
5. leider / Lieder
6. Mais / mies

Was hören Sie jetzt? ....

STRUKTUR

Formal time

CD 5,
Track 22

A. Wie spät ist es? Lesen Sie die Uhrzeiten laut!

BEISPIEL: 22.10 Uhr
Es ist zweiundzwanzig Uhr zehn.

13.35 Uhr / 4.28 Uhr / 9.15 Uhr / 16.50 Uhr / 19.45 Uhr / 12.12 Uhr

7.1 *Der-* and *ein*-words

CD 5,
Track 23

B. Mein oder dein? Ersetzen Sie den Artikel!

1. dieser Ausweis *(every)*
   jeder Ausweis

   ....

2. in meiner Tasche *(her)*
   in ihrer Tasche

   ....

CD 5,
Track 24

C. Das Gepäck Beantworten Sie die Fragen!

1. In welchem Zimmer ist das Gepäck? (sein)
   In seinem Zimmer.

   ....

2. Trägst du keinen Koffer? (ihr)
   Doch, ich trage ihren Koffer.

   ....

7.2 Separable-prefix verbs

CD 5,
Track 25

D. Wer geht heute aus? Ersetzen Sie das Subjekt!

Robert geht heute aus. (ich)
Ich gehe heute aus.

....

CD 5,
Track 26

E. Hans' Stundenplan Ersetzen Sie das Verb!

1. Wann steht Hans auf? (ankommen)
   Wann kommt Hans an?

   ....

2. Ich weiß, dass du heute ausgehst. (abfahren)
   Ich weiß, dass du heute abfährst.

   ....

CD 5,
Track 27

F. Was soll ich machen? Antworten Sie mit *ja*!

Soll ich den Scheck einlösen?
Ja, lös den Scheck ein.

....

LESETEXT

CD 5,
Track 28

Übernachtungsmöglichkeiten

....

DIKTAT

CD 5,
Track 29

Hören Sie zu und schreiben Sie, was Sie hören!

1. _____

   _____

2. _____

   _____

3. _____

   _____

4. _____

   _____

5. _____

   _____

VERSTEHEN SIE?

CD 5,
Track 30

Im Hotel Passen Sie auf!

CD 5,
Track 31

Welche Antwort ist richtig?

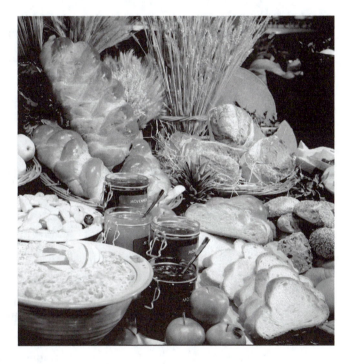

1. Wie heißt das Hotel?
   a. Parkhotel
   b. Schlosshotel
   c. Hotel am See

2. Wo liegt das Elternschlafzimmer?
   a. im Parterre
   b. im ersten Stock
   c. im zweiten Stock

3. Wann macht das Restaurant
   mittwochs auf?
   a. um halb sieben
   b. um sieben
   c. um acht

4. Warum frühstücken sie nicht
   so früh?
   a. Sie müssen erst lange duschen.
   b. Sie schlafen gern lange.
   c. Das Frühstück schmeckt nicht.

5. Wann nehmen sie einen Hausschlüssel
   vom Hotel mit?
   a. Wenn sie abfahren.
   b. Wenn sie lange schlafen.
   c. Wenn sie nach zwölf nach Hause kommen.

Video-Interviews

ZUM THEMA: „Wohin fahren Sie gern in den Ferien?"

Zum Erkennen: der Hund, -e *(dog)*; der letzte Urlaub *(last vacation)*; verbringen *(to spend [time])*; das Meer *(ocean)*; auf jeden Fall *(definitely)*; am Strand *(at the beach)*; ab und zu *(once in a while)*; gucken nach *(coll.: to look for)*; wachsen *(to grow)*; die Küste, -n *(coast)*; entfernt *(away)*; gestritten *(argued)*; deswegen *(therefore)*; der Erfolg *(success)*

Lucia Lange

A. Was stimmt?

1. Wenn die Borchardts in den Urlaub fahren, fahren sie gewöhnlich mit _____.
   a. dem Zug   b. einem Caravan   c. einem Bus -

2. Sie nehmen dann auch ihre _____ mit.
   a. Nachbarn   b. Kinder   c. Hunde

3. Meistens fahren sie in den Süden, weil man da schön _____ kann.
   a. baden   b. fischen   c. Ski laufen

4. Beim letzten Urlaub waren sie in _____.
   a. Griechenland   b. Kroatien   c. der Türkei

5. Sie haben einen Campingplatz _____ gefunden.
   a. an einem See   b. an einem Fluss   c. am Meer

6. Frau Lang will nächstes Jahr nach _____ fahren.
   a. Norwegen   b. Spanien   c. Polen

7. Wie die Borchardts sind die Schmetkes letzten Sommer im Urlaub _____.
   a. Boot gefahren   b. Wasserski gelaufen   c. einkaufen gegangen

8. In Italien haben sie viele _____ gesehen.
   a. Obstbäume   b. Olivenbäume   c. Tannenbäume

9. Herr Axer ist in St. Sebastian _____ gewesen.
   a. an der Nordsee   b. am Mittelmeer   c. am Atlantik

10. Das Wetter ist _____ gewesen.
    a. nicht besonders gut   b. wirklich furchtbar   c. einfach prima

11. Mit _____ hat er dort Probleme gehabt.
    a. seiner Freundin   b. seinem Freund   c. seinen Eltern

12. In den nächsten Ferien will er _____ fliegen.
    a. in die USA   b. nach Mexiko   c. nach Kuba

13. Frau von Heyden will in den nächsten Ferien eine Woche nach _____ fahren.
    a. Paris   b. London   c. Rom

14. _____ sind ihre nächsten Ferien.
    a. Weihnachten   b. Ostern   c. Pfingsten

15. Sie will das zusammen mit _____ tun.
    a. ihrer Schwester   b. ihren Geschwistern   c. dem Vater und der Stiefmutter

B. Jetzt sind Sie dran! Now it's your turn. How would YOU answer the interview question? Write a connected paragraph of six to eight sentences of where and how you spent your last vacation, or where you would like to go and why? What can you do there? Do you travel alone? Or if not, whom would you like to take along?

Zum Schreiben

A. Erweitern Sie Ihren Wortschatz!

The first element in a compound noun is not always a noun. It can be a verb or an adjective.

1. **Bilden Sie Substantive!** List the compound nouns with their articles and English eqivalents.

BEISPIEL   essen + Zimmer = das Esszimmer, - *(dining room)*
                    Baden + Zimmer = das Badezimmer, - *(bathroom)*

a. reisen + Wetter   _____

b. duschen + Vorhang   _____

c. kaufen + Haus   _____

d. kochen + Buch   _____

e. lesen + Ecke   _____

f. liegen + Stuhl   _____

g. parken + Platz   _____

h. tanzen + Stunde   _____

i. tragen + Tasche   _____

j. wechseln + Geld   _____

2. **Welches Adjektiv ist in dem Wort?** Separate the adjective and the noun by drawing a line between the two elements in the following compound words. Then, find the English equivalent of the compound.

BEISPIEL   Schwarz|wald   *Black Forest*

breakfast   change   express route   leisure time   marinated pot roast

old (part of the) town   prefabricated house   refrigerator   regular mail   white bread

a. Altstadt   _____

b. Fertighaus   _____

c. Freizeit   _____

d. Frühstück   _____

e. Kleingeld   _____

f. Kühlschrank   _____

g. Normalpost   _____

h. Sauerbraten   _____

i. Schnellweg   _____

j. Weißbrot   _____

B. Was passt nicht?

1. die Tür—der Eingang—der Ausgang—der Ausweis

2. der Gast—das Bargeld—der Scheck—die Kasse

3. der Koffer—die Tasche—das Gepäck—das Gebäck

4. der Gasthof—die Jugendherberge—das Erdgeschoss—die Pension

5. der Wald—der See—der Fluss—das Hotel

6. geöffnet—zu—offen—auf

C. Was ist das Gegenteil?

1. laut _____

2. hell _____

3. bequem _____

4. leicht _____

5. weit _____

6. oben _____

7. sauber _____

8. schnell _____

9. billig _____

10. dick _____

D. Auf Deutsch bitte!

1. *the location* _____

2. *a view of* _____

3. *Careful!* _____

4. *I don't believe that.* _____

5. *Just a minute!* _____

6. *Nonsense!* _____

7. *That can't be true.* _____

8. *That depends.* _____

9. *That's impossible.* _____

10. *Watch out!* _____

E. Kreuzworträtsel

HORIZONTAL

1. *her* (dat.) 3. *you* 4. *cash* 7. *my* (attr. pl.) 9. *only* 11. *he* 12. *guest*
14. *around* 15. *to go swimming* 17. *ice cream* 19. *into* 21. *trip* 23. *and*
25. *free* 26. *cold* 27. *counter* 29. *almost* 30. *night* 34. *off* (prefix)
35. *couch* 36. *entrance* 38. *it* 39. *with* 43. *to change* 46. *your* (pl. fam.)
50. *banks* 51. *after* 52. *red* 53. *closed* 54. *our* 55. *egg*

VERTIKAL

2. *not a* 3. *the* (m.) 5. *ID card* 6. *to the* 8. *new* 9. *number* 10. *one* (pronoun)
13. *lake* 15. *until* 16. *to cash* 18. *juice* 20. *exit* 22. *key* 24. *Sure I do.* 26. *suitcase*
28. *has* 31. *day* 32. *lamp* 33. *Thank you!* 40. *tea* 41. *bed* 42. *the* (n.) 44. *are*
45. *near* 47. *watch* 48. *Red*

F. Übernachtung in einer Burg

Fill in the endings.

1. Auf dies___ Bild sieht man

Burg Stahleck, eine Burg *(f.)*

aus d___ 13. Jahrhundert

(century, n.). 2. Am Rhein gibt

es viele Burgen, aber nicht all___

Burgen sind Jugendherbergen.

3. So ein___ Jugendherberge mit einer solch___ Lage ist sehr ungewöhnlich. 4. In dies___ Jugendherberge haben wir mit unser___ Freunden zwei Nächte übernachtet. 5. Von mein___ Zimmer habe ich ein___ Blick auf viele Weinberge *(vineyards)* und d___ Fluss mit sein___ Schiffen *(pl.)* gehabt. 6. Der Weg von Bacharach zu dies___ Burg ist natürlich etwas anstrengend *(strenuous)* gewesen. 7. Manch___ Leute fahren vom Bahnhof mit ein___ Taxi dorthin, aber mein___ Freunde und ich sind gelaufen. 8. Wenn man mit wenig Gepäck reist, ist das kein___ Problem. 9. Hier hat jed___ Stadt und jed___ Städtchen etwas Besonderes. 10. Ich liebe solch___ Reisen.

G. Reisepläne Form sentences.

1. Karl // bitte aufschreiben / dein / Hausnummer!
   ich / wollen vorbeibringen / morgen / mein / Scheck

   _____

   _____

   _____

2. ihr / ausgehen / heute?
   ja // wir / wollen / besuchen / unser / Freund *(pl.)*

   _____

   _____

3. in / welch- / Hotel / ihr / übernachten?
   wir / übernachten / in / Pension / gegenüber von / Bahnhof

   _____

   _____

   _____

4. wissen / du // wann / Geschäft / aufmachen?
   dies- / Geschäft / aufmachen / 10 Uhr

   _____

   _____

5. ich / mögen / bezahlen / mein / Rechnung
   hier / sein / mein / Kreditkarte

   _____

   _____

6. dürfen / ich / sehen / Ihr / Ausweis / oder / Ihr / Pass?

   _____

   _____

   _____

H. Noch einmal Say it in German.

1. *Der* **and** *ein***-words**

   a. *Shall I bring your (sg. fam.) luggage to (**in**) your room?*

   _____

   _____

   b. *For which door is this key?*

   _____

   c. *Is it for all doors and also for this entrance?*

   _____

   d. *Do you (pl. fam.) know your room number?*

   _____

   e. *We're taking our keys along because some hotels close at 11 o'clock.*

   _____

   _____

2. **Separable-prefix verbs**

   a. *You (sg. fam.) didn't close your book.*

   _____

   b. *Listen! (formal)*

   _____

   c. *They came back on the weekend.*

   _____

   d. *Are you (pl. fam.) still going out?*

   _____

   e. *I don't know if she's coming along.*

   _____

   f. *Do you (sg. fam.) know when she went out?*

   _____

   _____

   g. *I exchanged our money.*

   _____

   h. *Whom did you (formal) bring along?*

   _____

I. **Wie spät ist es jetzt dort?** Look at the map and complete the sentences.

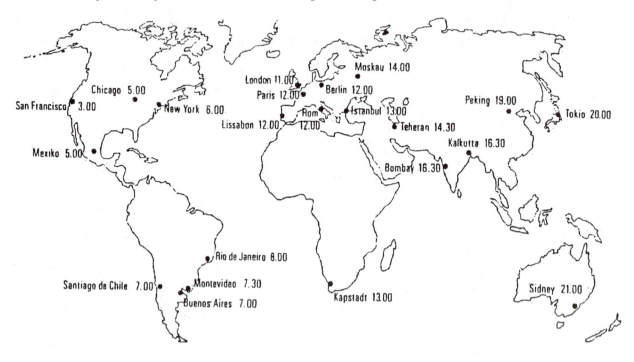

1. Wenn es in Berlin zwölf Uhr ist, wie spät ist es dann in . . . ?

   a. Mexiko: _____   d. Kalkutta: _____

   b. New York: _____   e. Tokio: _____

   c. Kapstadt: _____   f. Sidney: _____

2. Wo ist es so spät wie in Berlin?

   _____ _____ _____

3. Wie viele Stunden später ist es in . . . ?

   a. Istanbul: _____

   b. Moskau: _____

   c. Peking: _____

4. Wie viele Stunden früher *(earlier)* ist es in . . . ?

   a. Chicago: _____

   b. San Francisco: _____

   c. Rio de Janeiro: _____

   d. Santiago de Chile: _____

J. Was tun? You are traveling during summer vacation and have run into a problem with accommodations. React to the information given with different expressions of disbelief, such as the ones listed here.

Ach du liebes bisschen!   Du bist wohl verrückt!
Das gibt's doch nicht!   Nein danke!
Das glaube ich nicht.   Quatsch!
Das kann doch nicht wahr sein! Vielleicht du, aber ich nicht.
Du bist lustig.   Wenn's sein muss.

BEATE   Du, die Jugendherberge ist diese Woche geschlossen.

SIE   _____

BEATE   Ich habe überall gefragt, aber es gibt kein Hotelzimmer und kein Gästezimmer mehr.

SIE   _____

BEATE   Vielleicht müssen wir im Park schlafen.

SIE   _____

BEATE   Sollen wir einfach wieder nach Hause fahren?

SIE   _____

BEATE   Oder wir fahren in der Nacht mit dem Zug *(train)* irgendwohin und sind am Morgen wieder hier.

SIE   _____

BEATE   Nein, nein, nein! Zu allem sagst du nein. Vielleicht können wir bei der Polizei schlafen.

SIE   _____

BEATE   Du, ich glaube, ich habe mein Portemonnaie in der Telefonzelle gelassen *(left)*.

SIE   _____

K. Aufsatz: Reisen in Nordamerika Pretend that you are a German tourist traveling in the United States or in Canada. Write a short travelogue for your hometown newspaper in Germany. What is special about traveling in North America? How do people travel, and which destinations are especially popular? Include brief comments about your own personal insights or preferences.

Rückblick: Kapitel 4-7

I. Verbs

1. Wissen

Wissen, like the modals below, is irregular in the singular of the present tense. It means *to know a fact,* as opposed to **kennen,** which means *to be acquainted with a person or thing.*

singular	plural
ich weiß	wir wissen
du weißt	ihr wisst
er weiß	sie wissen

2. Modals

	dürfen	können	müssen	sollen	wollen	mögen	möchten
ich	darf	kann	muss	soll	will	mag	möchte
du	darfst	kannst	musst	sollst	willst	magst	möchtest
er	darf	kann	muss	soll	will	mag	möchte
wir	dürfen	können	müssen	sollen	wollen	mögen	möchten
ihr	dürft	könnt	müsst	sollt	wollt	mögt	möchtet
sie	dürfen	können	müssen	sollen	wollen	mögen	möchten

The modal is the second sentence element (V1); the infinitive of the main verb (V2) stands at the end of the sentence.

> Sie **sollen** ihr den Kaffee **bringen.**   *You're supposed to bring her the coffee.*
>   V1   V2

3. Imperatives

The forms of the familiar imperative have no pronouns; the singular familiar imperative has no **-st** ending.

formal sg. + pl.	fam. sg. (du)	fam. pl. (ihr)	1st pers. pl. (*Let's . . .*)
Schreiben Sie!	Schreib!	Schreibt!	Schreiben wir!
Antworten Sie!	Antworte!	Antwortet!	Antworten wir!
Fahren Sie!	**Fahr!**	Fahrt!	Fahren wir!
Nehmen Sie!	**Fahr!**	Nehmt!	Nehmen wir!

4. Present perfect

a. Past participles

ᴛ-verbs (weak and mixed verbs)	ɴ-verbs (strong verbs)
(ge) + stem(change) + (e)t	(ge) + stem(change) + en
gekauft	geschrieben
gearbeitet	
gebracht	
eingekauft	mitgeschrieben
verkauft	unterschrieben
reserviert	

b. Most verbs use **haben** as the auxiliary. Those that use **sein** are intransitive (take no object) and imply a change of place or condition; **bleiben** and **sein** are exceptions to the rule.

> Wir haben Wien gesehen.
> Wir sind viel gelaufen.
> Abends sind wir müde gewesen.

5. **Verbs with inseparable and separable prefixes**

a. Inseparable-prefix verbs (verbs with the unstressed prefixes **be-, emp-, ent-, er-, ge-, ver-** and **zer-**) are never separated.

> Was bedeutet das?
> Das verstehe ich nicht.
> Was empfehlen Sie?
> Wer bezahlt das Mittagessen?

The prefixes **über-, unter-,** and **wieder-** can be used as separable or inseparable prefixes, depending on the particular verb and meaning.

> Übernach'tet ihr in der Jugendherberge?
> Unterschrei'ben Sie bitte hier!
> Wiederho'len Sie bitte! BUT Hol das bitte wieder!

b. Separable-prefix verbs (verbs where the prefix is stressed) are separated in statements, questions, and imperatives.

> Du **bringst** deine Schwester **mit.**
> **Bringst** du deine Schwester **mit?**
> **Bring** doch deine Schwester **mit!**

They are not separated when used with modals, in the present perfect, or in dependent clauses.

> Du **sollst** deine Schwester **mitbringen.**
> **Hast** du deine Schwester **mitgebracht?**
> Sie will wissen, ob du deine Schwester **mitbringst.**

II. Cases

1. **Interrogative pronouns**

nom.	wer?	was?
acc.	wen?	was?
dat.	wem?	

2. **Der-words and ein-words**
   Der-words have the same endings as the definite article **der**; and **ein**-words (or possessive adjectives) have the same endings as **ein** and **kein**.

dieser	solcher (so ein)
jeder	welcher
mancher	alle

mein	unser
dein	euer
sein, sein, ihr	ihr, Ihr

3. **Two-way prepositions: accusative or dative?**

> **an, auf, hinter, in, neben, über, unter, vor, zwischen**

The nine two-way prepositions take either the dative or the accusative, depending on the verb.

| wo? | LOCATION, activity within a place → <u>dative</u> |
| wohin? | DESTINATION, motion to a place → <u>accusative</u> |

Remember the difference between these two sets of verbs:

to put (upright)	Er **stellt** den Koffer neben den Ausgang.
to stand	Der Koffer **steht** neben dem Ausgang.
to put (flat), lay	**Legen** Sie den Ausweis auf den Tisch!
to lie (flat)	Der Ausweis **liegt** auf dem Tisch.

4. Summary of the three cases

	use	follows...	masc.	neut.	fem.	pl.
nom.	SUBJECT, PREDICATE NOUN	**heißen, sein, werden**	der dieser ein mein	das dieses ein mein	die diese eine meine	die diese keine meine
acc.	DIRECT OBJECT	**durch, für, gegen, ohne, um**	den diesen einen meinen			
		an, auf, hinter, in, neben, über, unter, vor, zwischen				
dat.	INDIRECT OBJECT	**aus, außer, bei, mit, nach, seit, von, zu**	dem diesem einem meinem	dem diesem einem meinem	der dieser einer meiner	den diesen keinen meinen
		antworten, danken, gefallen, gehören, helfen, zuhören				

5. Personal pronouns

	singular					plural			sg. / pl.
nom.	ich	du	er	es	sie	wir	ihr	sie	Sie
acc.	mich	dich	ihn	es	sie	uns	euch	sie	Sie
dat.	mir	dir	ihm	ihm	ihr	uns	euch	ihnen	Ihnen

Don't confuse these pronouns with the **ein**-words or possessive adjectives which are always followed by a noun.

III. Sentence structure

1. Verb position

a. V1—V2

In declarative sentences, *yes/no* questions, and imperatives, two-part verb phrases are split:
- the inflected part (V1) is the first or second sentence element.
- the other part (V2) appears at the end of the clause.

Er **ist** hier an der Uni **Student.**
Er **ist** wirklich sehr **interessant.**
Hast du ihn schon **kennen gelernt?**
Ich **kann** jetzt nicht lange **sprechen.**
Komm doch später bei uns **vorbei!**
V1   V2

b. **Subordinate clauses**

- Subordinate clauses are introduced by subordinating conjunctions or interrogatives.

> bevor, dass, ob, obwohl, weil, wenn, etc.

> wer? wen? wem? was? was für ein(e)? wohin? woher? wo?
> wann? warum? wie? wie lange? wie viel? wie viele? etc.

- In subordinate clauses, the subject usually comes immediately after the conjunction, and the inflected verb (V1) is at the end of the clause.

> Sie sagt, **dass** sie das Einzelzimmer **nimmt.**
> Er sagt, **dass** er den Zimmerschlüssel **mitbringt.**

- Two-part verb phrases appear in this order: V2 V1.

> Sie sagt, **dass** er den Koffer **mitbringen soll.**

- If a subordinate clause is the first sentence element, then the inflected part of the verb in the main clause comes right after the comma, retaining second position in the overall sentence.

> Ich **habe** den Schlüssel **mitgenommen,** weil das Hotel um 24.00 Uhr zumacht.
> Weil das Hotel um 24.00 Uhr zumacht, **habe** ich den Schlüssel **mitgenommen.**

2. **Sequence of objects**

The indirect object usually precedes the direct object, unless the direct object is a pronoun.

> Sie gibt **dem Herrn** den Scheck.
> Sie gibt **ihm** den Scheck.
> Sie gibt ihn **dem Herrn.**
> Sie gibt ihn **ihm.**

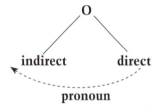

3. **Sondern** vs. **aber**

Sondern must be used when the first clause is negated and the meaning *but on the contrary* is implied.

> Er wohnt hier, **aber** er ist gerade nicht zu Hause.
> Heinz ist nicht hier, **aber** er kommt in zehn Minuten zurück.
> Heinz ist nicht hier, **sondern** bei Freunden.

Wer den Pfennig nicht ehrt, ist den Taler nicht wert.
He who doesn't value a penny, isn't worth a dollar.
Take care of the pennies, and the pounds will look after themselves.

WORTSCHATZWIEDERHOLUNG

A. Nennen Sie das Gegenteil!

1. der Ausgang _____
2. der Tag _____
3. antworten _____
4. fahren _____
5. Glück haben _____
6. mieten _____
7. zumachen _____
8. alt _____
9. bequem _____
10. furchtbar _____

11. geöffnet _____
12. hell _____
13. hier _____
14. immer _____
15. leicht _____
16. links _____
17. ruhig _____
18. sauber _____
19. unten _____
20. weit _____

B. Was ist der Artikel und der Plural?

1. _____ Ausweis _____
2. _____ Bank _____
3. _____ Bibliothek _____
4. _____ Fest _____
5. _____ Garten _____
6. _____ Gast _____
7. _____ Gasthof _____
8. _____ Haus _____

9. _____ Lied _____
10. _____ Koffer _____
11. _____ Nacht _____
12. _____ Radio _____
13. _____ Reise _____
14. _____ Sessel _____
15. _____ Tasche _____
16. _____ Weg _____

C. Was passt? More than one response is possible.

_____ 1. Können Sie mir sagen, wo das Hotel ist?

_____ 2. Wie komme ich dorthin *(to it)*?

_____ 3. Wie lange dauert das?

_____ 4. Wo kann ich das Gepäck lassen?

_____ 5. Einen Moment! Das gehört mir!

_____ 6. Wann machen Sie zu?

_____ 7. Wo ist das Zimmer?

_____ 8. Haben Sie kein Zimmer mit Bad?

_____ 9. Das Zimmer ist zu klein.

_____ 10. Nehmen Sie Keditkarten?

a. An der Rezeption.
b. Da drüben.
c. Das finde ich auch.
d. Das stimmt nicht.
e. Doch!
f. Ein paar Minuten.
g. Entschuldigen Sie!
h. Fahren Sie immer geradeaus!
i. In ein paar Minuten.
j. Ja, gern.
k. Ja, natürlich.
l. Leider nicht.
m. Mit dem Bus.
n. Neben dem Rathaus.
o. Ich weiß nicht.
p. Schade.
q. Sind Sie sicher?
r. Um 23.00 Uhr.
s. Wirklich?
t. Zu Fuß!

STRUKTURWIEDERHOLUNG

D. *Wissen* oder *kennen*?

1. Ich möchte _____, für wen das Geschenk ist.

2. _____ du einen Herrn Mayerhofer?

3. _____ ihr eure Nachbarn nicht?

4. Nein, ich _____ sie nicht, aber ich _____, dass sie aus Österreich sind.

5. _____ du, wann sie zurückkommen sollen?

E. **Nennen Sie drei Imperative!**

1. Tun wir die Milch in den Kühlschrank!

_____

2. Stellen wir die Teller auf den Tisch!

_____

3. Gehen wir ins Wohnzimmer!

_____

4. Sprechen wir ein bisschen!

_____

5. Lassen wir alles liegen und stehen!

_____

6. Nehmen wir ein paar Gläser mit!

_____

7. Essen wir ein paar Kartoffelchips!

_____

8. Bleiben wir noch ein bisschen!

_____

9. Fahren wir später!

_____

F. **Sagen Sie es im Perfekt!**

1. Wohin geht ihr?—Wir fahren zum Museum.

_____

2. Was machst du heute?—Ich packe meinen Koffer.

_____

3. Wie feiert ihr seinen Geburtstag?—Wir überraschen ihn mit einer Party.

_____

4. Wie gefällt Ihnen die Landshuter Hochzeit?—Sie macht mir viel Spaß.

_____

5. Vermieten Sie die Wohnung?—Ja, eine Studentin nimmt sie.

_____

6. Weißt du, wo der Scheck ist?—Ja, er liegt auf dem Schreibtisch.

_____

7. Wie lange dauert die Party?—Sie ist um 12.00 Uhr vorbei.

_____

8. Wo sind Paula und Robert?—Sie kaufen ein.

_____

G. Verben und Personalpronomen Say it in German.

1. **Ihr dürft das Geschenk aufmachen.**
May we open the present? We want to open it. I can't open it. He has to open it. Why am I not supposed to open it? Wouldn't you (3x) like to open it?

_____

_____

_____

2. **Wir kommen morgen an.**
I arrived yesterday. She's arriving today. When are they arriving? When did he arrive? Is he arriving, too? I know that they're not arriving tomorrow. They're supposed to arrive the day after tomorrow. Has she arrived yet (**schon**)?

_____

_____

_____

_____

3. **Ich frage sie.**
He's asking you (formal). She's asking him. Are they asking us? Yes, they are asking you (sg. fam.). We're asking you (pl. fam.). Don't (pl. fam.) ask them! Did you (sg. fam.) ask them? Weren't they asking you (sg. fam.)? Have you (pl. fam.) asked me?

_____

_____

_____

_____

_____

4. **Mir gefällt dieses Museum.**

He likes our museum. Do you (formal) *like this museum? They don't like their museum. Which museum do you* (sg. fam.) *like? I like such a museum. Why don't you* (pl. fam.) *like any museum? I never liked such museums. He likes every museum.*

———————————————————————————————————

———————————————————————————————————

———————————————————————————————————

———————————————————————————————————

———————————————————————————————————

———————————————————————————————————

5. **Es tut mir leid.**

She's sorry. He isn't sorry. Are you (3x) *sorry? I was sorry. They were sorry.*

———————————————————————————————————

———————————————————————————————————

———————————————————————————————————

H. Präpositionen Form sentences as in the examples.

1. BEISPIEL   Wo ist der Koffer?   *An der Tür.*
                    Wohin soll ich den Koffer stellen?   *An die Tür!*

      vor / Haus   ———————————   ———————————

      in / Gästezimmer   ———————————   ———————————

      neben / Sofa   ———————————   ———————————

      hinter / Sessel   ———————————   ———————————

      unter / Tisch   ———————————   ———————————

      zwischen / Stuhl / und / Bett   ———————————   ———————————

2. BEISPIEL   Wohin soll ich das Messer legen?   *Auf den Tisch!*
                    Wo liegt das Messer?   *Auf dem Tisch.*

      neben / Gabel   ———————————   ———————————

      auf / Teller   ———————————   ———————————

      in / Küche   ———————————   ———————————

      in / Esszimmer   ———————————   ———————————

      zwischen / Butter / und / Käse   ———————————   ———————————

I. Konjunktionen Combine the sentences. (Note that both coordinating and subordinating conjunctions are used.)

1. Ich lerne Deutsch. Meine Großeltern sind aus Deutschland. *(because)*

   _____

   _____

2. Sie möchte wissen. Bist du schon einmal in Deutschland gewesen? *(whether)*

   _____

   _____

3. Ich sage (es) ihr. Ich bin im Sommer dort gewesen. *(that)*

   _____

   _____

4. Ich möchte gern wieder einmal nach Deutschland. So eine Reise ist nicht billig. *(but)*

   _____

   _____

5. Braucht man Hotelreservierungen? Man fährt nach Deutschland. *(when)*

   _____

   _____

6. *(although)* Man braucht keine Reservierung. Es hat manchmal lange gedauert, bis ich ein Zimmer gefunden habe.

   _____

   _____

7. Einmal habe ich bei einer Kusine übernachtet. Eine Nacht habe ich im Zug *(train)* geschlafen. *(and)*

   _____

   _____

8. Man muss alles gut planen. Man möchte nach Deutschland fahren. *(if)*

   _____

   _____

J. *Sondern* oder *aber*?

1. Momentan habe ich kein Kleingeld, _____ später gehe ich zur Bank.

2. Die Bank ist um diese Zeit geschlossen, _____ sie macht in einer Stunde auf.

3. Wir möchten nicht in die Stadt gehen, _____ hier bleiben.

4. In der Stadt kann man viel sehen, _____ wir haben schon alles gesehen.

5. Das bedeutet nicht, dass die Stadt mir nicht gefällt, _____ es bedeutet nur, dass ich müde bin.

K. Das Picknick Fill in the blanks.

_____ (1) Wochenende fahren Silvia und Jim _____ (2) Auto
on the   *by*

_____ (3) Land. Dort wollen sie ein Picknick machen. Sie halten
to the

_____ (4) Städtchen und gehen dann zu Fuß _____ (5) Feldweg
in a   *on a*

_____ (6) Wald. Sie bummeln gemütlich _____ (7) Wald und
into the   *through the*

kommen _____ (8) See. Jim stellt das Essen _____ (9) Baum, weil er
            to a   *under a*

und Silvia _____ (10) See baden wollen. Aber was sehen sie, als *(when)* sie
                in the

wieder _____ (11) Wasser kommen? Ameisen *(ants)*, viele Ameisen! Sie sind
           out of the

überall: _____ (12) Brötchen *(pl.)*, _____ (13) Käse, _____ (14)
            between the   *under the*   *on the*

Butter, _____ (15) Kuchen und _____ (16) Limonade. Nicht nur das!
            behind the   *in the*

Jetzt krabbeln *(crawl)* sie auch noch _____ (17) Kleidung: _____ (18)
                                             into the   *onto the*

Bluse, _____ (19) Hosenbeine *(pl.)* und _____ (20) Rock! Einfach
           between the   *under the*

furchtbar! Da läuft Silvia _____ (21) Kleidung zurück _____ (22)
                                with the   *to the*

See und schüttelt *(shakes)* die Ameisen _____ (23) Wasser. Weg *(away)*
                                               into the

_____ (24) Ameisen! Jim fischt die Ameisen _____ (25) Brötchen *(pl.)*,
    with the   *out of the*

_____ (26) Butter, _____ (27) Kuchen und _____ (28) Limonade.
out of the   *out of the*   *out of the*

Wie schön! Guten Appetit!

L. Was ist richtig?

1. Ach, das tut ____ furchtbar leid.
   a. ich   b. mich   c. mir   d. mein

2. Wie gefällt es ____ hier?
   a. Sie   b. Ihnen   c. Ihren   d. Ihr

3. Wo ist der Park? Können Sie ____ zeigen?
   a. mich er   b. ihn mich   c. ihn mir   d. mir ihn

4. Die Tür ist zu. Bitte öffnen Sie ____!
   a. sie mich   b. mir sie   c. sie mir   d. mich sie

5. Wir wollen am Wochenende ____ Land fahren.
   a. auf dem   b. aufs   c. ins   d. im

6. Wo ist der Kellner? Ich kann ____ nicht sehen.
   a. er   b. ihn   c. ihm   d. ihr

7. Wir fahren nicht mit dem Bus, _____ wir gehen zu Fuß.
   a. aber   b. sondern

8. Die Prüfung ist nicht lang, _____ sie ist schwer.
   a. aber   b. sondern

9. Stell doch das Auto in _____ Garage!
   a. die   b. der

10. Den Wein findet ihr in _____ Kühlschrank!
    a. den   b. dem

11. Häng die Mäntel in _____ Schrank!
    a. den   b. dem

12. Gehen Sie an _____ Tafel!
    a. die   b. der

13. _____ hält der Bus?
    a. Wo   b. Woher   c. Wohin

14. _____ läufst du denn so schnell?
    a. Wo   b. Woher   c. Wohin

15. An _____ Haltestelle müssen wir aussteigen?
    a. welche   b. welchen   c. welcher   d. welchem

16. Geht ihr heute Abend _____?
    a. ab   b. aus   c. ein   d. zu

17. Wer _____ mitkommen?
    a. können   b. kann   c. könnt   d. kannst

18. _____ Oskar auf die Party mit!
    a. Nehme   b. Nimm   c. Nimmt   d. Nehmen

19. Gefallen _____ die Sessel nicht?
    a. dir   b. ihn   c. sie   d. du

20. _____ du die Fenster zugemacht?
    a. Hast   b. Bist

21. _____ Rita schon zurückgekommen?
    a. Hat   b. Ist

22. Wer _____, wo Erika ist?
    a. wisse   b. wisst   c. weißt   d. weiß

23. Gerda sitzt zwischen _____ Vater und _____ Mutter.
    a. ihren / ihre   b. ihrem / ihrer   c. ihr / ihre   d. ihrem / ihren

24. Wer kann _____ helfen?
    a. mich   b. mir   c. mein   d. ich

25. _____ soll ich helfen?
    a. Wer   b. Wen   c. Was   d. Wem

M. Auf Deutsch bitte! Unless you are instructed otherwise, use plural familiar forms in this exercise.

1. *How do you like your rooms?*

   _____

2. *I like my room.*

   _____

3. *One can see not only the city, but also the lake.*

   _____

   _____

4. *Do you know that my room even has Internet access* (**Internetanschluss**)*?*

   _____

   _____

5. *Which room do you* (sg. fam.) *have?*

   _____

6. *Look* (sg. fam.) *over there, the room next to the entrance.*

   _____

   _____

7. *What are we doing now?*

   _____

8. *Nothing. I have to talk with your father.*

   _____

9. *And you must go to* (**ins**) *bed because we'll have to get up early* (**früh**) *tomorrow.*

   _____

   _____

10. *We only sit in the car and aren't allowed to do anything.*

    _____

    _____

11. *Where do you want to go?*

    _____

12. *I know a hotel near the lake where one can dance.*

    _____

    _____

13. *When are you coming back?*

    _____

14. *When are we supposed to come back?*

    _____

15. *Where are the car keys?*

_____

16. *Give* (sg. fam.) *them to me.*

_____

17. *Did you* (sg. fam.) *see my keys?*

_____

18. *Who had them last* (**zuletzt**)?

_____

19. *I didn't take them.*

_____

20. *Where were you* (sg. fam) *last?—I don't know.*

_____

_____

Zum Hören

GESPRÄCHE

CD 6,
Track 2

A. Auf der Post am Bahnhof Hören Sie gut zu. Wiederholen Sie dann das Gespräch noch einmal und wiederholen Sie jeden Satz!

HERR   Grüezi!

UTA   Grüezi! Ich möchte dieses Paket nach Amerika schicken.

HERR   Normal oder per Luftpost?

UTA   Per Luftpost. Wie lange dauert das denn?

HERR   Ungefähr eine Woche. Füllen Sie bitte diese Paketkarte aus! . . . Moment, hier fehlt noch Ihr Absender.

UTA   Ach ja! . . . Noch etwas. Ich brauche eine Telefonkarte.

HERR   Für fünf, zehn, zwanzig oder fünzig Franken?

UTA   Für zwanzig Franken. Vielen Dank!

CD 6,
Track 3

B. Am Fahrkartenschalter in Zürich Hören Sie zu!

ANNE   Wann fährt der nächste Zug nach Interlaken?

FRAU   In 10 Minuten. Abfahrt um 11.28 Uhr, Gleis 2.

ANNE   Ach du meine Güte! Und wann kommt er dort an?

FRAU   Ankunft in Interlaken um 14.16 Uhr.

ANNE   Muss ich umsteigen?

FRAU   Ja, in Bern, aber Sie haben Anschluss zum InterCity mit nur 24 Minuten Aufenthalt.

ANNE   Gut. Geben Sie mir bitte eine Hin- und Rückfahrkarte nach Interlaken!

FRAU   Erster oder zweiter Klasse?

ANNE   Zweiter Klasse.

CD 6,
Track 4

Lesen Sie jetzt Annes Rolle! Beginnen wir!

CD 6,
Track 5

C. Richtig oder falsch? Sie hören fünf Sätze. Stimmt das?

1. richtig   falsch   4. richtig   falsch
2. richtig   falsch   5. richtig   falsch
3. richtig   falsch

AUSSPRACHE: e, er Als weitere mündliche Übung lesen Sie *Zur Aussprache* vorne im *(in the front of the)* Arbeitsbuch, Teil II, Beispiele 8–10.

CD 6,
Track 6

A. Laute Hören Sie zu und wiederholen Sie!

1. [ə] Adresse, Ecke, Haltestelle, bekommen, besuchen, eine halbe Stunde
2. [ʌ] aber, sauber, schwer, euer, unser, Zimmernummer, Uhr, vor, nur, unter, über, außer, wiederholen

B. Wortpaare Hören Sie zu und wiederholen Sie!

1. Studenten / Studentin
2. Touristen / Touristin
3. diese / dieser
4. arbeiten / Arbeitern
5. lese / Leser
6. mieten / Mietern

Was hören Sie jetzt? ....

STRUKTUR

8.1 The genitive case

A. Beim Reisen Ersetzen Sie den Genitiv!

1. Sie wohnt auf dieser Seite der Stadt. (Berg)
   Sie wohnt auf dieser Seite des Berges.

   ....

2. Das ist ein Bild meines Großvaters. (meine Tante)
   Das ist ein Bild meiner Tante.

   ....

3. Wo ist das Gepäck des Touristen? (Student)
   Wo ist das Gepäck des Studenten?

   ....

8.2 Time expressions

B. Wann passiert das *(When does that happen)*? Ersetzen Sie das Adverb!

1. Fischers fliegen morgen früh ab. (heute Morgen)
   Fischers fliegen heute Morgen ab.

   ....

2. Morgens spielen wir Tennis. (sonntags)
   Sonntags spielen wir Tennis.

   ....

8.3 Sentence structure *(continued)*

C. Fragen Wohin passt das neue Adverb?

Wir fahren zum Flughafen. (um halb sieben)
Wir fahren um halb sieben zum Flughafen.

1. Wir fahren zum Flughafen. (um halb sieben)
2. Sie fliegt nächste Woche. (nach Paris)
3. Er fährt zum Bahnhof. (mit dem Fahrrad)
4. Ich arbeite im Geschäft. (bis 9 Uhr)
5. Sie kommen hoffentlich im Juli. (zu uns nach Wien)
6. Karl fliegt von Frankfurt ab. (heute)
7. Ist Herr Braun zu Hause? (heute Abend)
8. Gehst du zum Briefkasten? (zu Fuß)
9. Fährt der Junge allein? (in die Schweiz)
10. Sie müssen den Brief per Luftpost schicken. (heute noch)
11. Meine Großeltern reisen nach Österreich. (im Juli)

D. Stimmt das? Verneinen Sie die Sätze!

Sabrina wohnt in Berlin.
Sabrina wohnt nicht in Berlin.

....

INTERVIEWS

CD 6,
Track 12

Touristen in der Schweiz

....

DIKTAT

CD 6,
Track 13

Hören Sie zu und schreiben Sie, was Sie hören!

1. _____
   _____

2. _____
   _____

3. _____
   _____

4. _____
   _____

5. _____
   _____

VERSTEHEN SIE?

CD 6,
Track 14

Unterwegs mit dem Eurailpass Hören Sie zu, was der Student zu sagen hat!

Zum Erkennen: der Gletscher, -
(glacier); die Hochalpen *(High Alps)*

....

CD 6,
Track 15

Richtig oder falsch?

1. richtig   falsch
2. richtig   falsch
3. richtig   falsch
4. richtig   falsch
5. richtig   falsch

Video-Interviews

Christina von Heyden

ZUM THEMA: „Woran denken Sie, wenn Sie an die Schweiz denken?"

Zum Erkennen: woran? *(of what?)*; sich erinnern an *(to remember)*; die Landschaft *(scenery)*; der Hauptgedanke, -n *(main thought)*; der Ort, -e *(place)*; die Zahnarztpraxis *(dental office)*; weshalb *(that's why)*; vor allen Dingen *(mainly)*; schneebedeckt *(snow-covered)*; die Kuh, ¨-e *(cow)*; die Wiese, -n *(meadow)*

A. Was wissen wir jetzt über sie? Antworten Sie kurz!

1. Ist Frau Siegmund schon oft in der Schweiz gewesen?

_____

2. Was hat sie auf ihrer Reise schön gefunden?

_____

3. Wo ist Frau von Heyden früher viel gewesen?

_____

4. Wer ist gewöhnlich mitgefahren?

_____

5. Was hat sie in der Skischule ziemlich langweilig gefunden?

_____

6. Wessen Freund wohnt in der Schweiz?

_____

7. Was gefällt ihm besonders in der Schweiz?

_____

8. Was sagt Herr Müller über die Häuschen in den Bergen?

_____

9. Was sieht man in den Schweizer Bergen oft auf den Wiesen?

_____

10. Was liegt oft oben auf den Bergen?

_____

B. Jetzt sind Sie dran! Wie beantworten SIE die Frage des Reporters? Schreiben Sie in sechs bis acht Sätzen, was Ihnen in den Sinn *(to mind)* kommt, wenn Sie an die Schweiz und die Schweizer denken! Sind Sie schon einmal dort gewesen? Wenn nicht, was möchten Sie gern einmal sehen?

Zum Schreiben

A. Erweitern Sie Ihren Wortschatz!

Compound nouns can be either plain (**Sommertag**) or linked (**Geburtstag, Tageszeit, Kindergarten, Herrenpullover, Wochentag**). The **-s-** or **-es-** link is a genitive form that may also appear with feminine nouns. The **-er-**, **-en-**, and **-n-** links are plural forms that also connect singular nouns more smoothly. Which link will be used in a compound is not predictable; skill at making new compounds can only be acquired through practice and observation.

Unterstreichen Sie *(underline)* das Verbindungsglied *(link)* in jeder der unten stehenden Wortkombinationen und geben Sie das englische Äquivalent!

BEISPIEL   Suppenlöffel   *soup spoon*

1. Erbsensuppe _____

2. Tomatensalat _____

3. Blumengeschäft _____

4. Straßenname _____

5. Wochenende _____

6. Hosentasche _____

7. Fahrkartenschalter _____

8. Studentenwohnheim _____

9. Kinderzimmer _____

10. Jahreszeit _____

11. Mittagspause _____

12. Abfahrtszeit _____

13. Jugendherbergsausweis _____

14. Übernachtungsmöglichkeit _____

B. Ferienzeit Was fehlt?

1. Wenn man einen Brief schreibt, braucht man immer eine _____ mit einem _____ und natürlich _____.

2. Man wirft *(throws)* den Brief dann in einen _____ oder bringt ihn zur _____.

3. Viele Leute schreiben heute aber keine Briefe mehr, sondern rufen von unterwegs einfach mit dem _____ an oder schreiben eine _____.

4. Statt mit dem _____ in die Ferien zu fahren, reisen viele auch gern mit der _____.

5. Besonders zu Ferienbeginn kann die _____ mit dem Auto lange dauern.

6. Andere fliegen gern mit dem _____, denn mit Billig- _____ ist man sehr schnell da, wo man sein möchte.

7. Beim der Ferienplanung kann ein Computer sehr hilfreich sein, denn da findet man alles und auch die Fahrpläne mit der _____ und _____ von Zügen.

8. Man sieht auch, wo man _____ muss und wie lange man da _____ hat.

9. Mit dem Computer kann man sich auch Hotels oder _____ ansehen und Preise vergleichen *(compare)*.

10. Man reserviert und bezahlt alles leicht mit der _____.

C. Auf Deutsch bitte!

1. *to arrive*   _____
2. *to be missing*   _____
3. *to drive on*   _____
4. *to get off/out*   _____
5. *to send*   _____
6. *to tell*   _____
7. *to visit*   _____
8. *My goodness!*   _____
9. *So what?*   _____
10. *That doesn't matter.* _____

D. Post und Reisen Bilden Sie ganze Sätze!

1. Margarete // schicken / Junge / mit / Paket / zu / Post! *(Use the imperative.)*

   _____

2. Flugzeug / sollen / ankommen / 16 Uhr / in Zürich

   _____

3. dort / wir / wollen / besuchen / Bruder / meine Mutter

   _____

4. ihr / abfahren / mit Auto / noch heute Abend?

   _____

5. warum / du / nicht / fahren / mit Zug // ich / nicht / können / verstehen

   _____

6. statt / eine Autofahrt / ich / machen / gern / Zugreise

   _____

E. Blick auf Bern Sehen Sie auf das Bild und ergänzen Sie die Genitivendungen.

1. Das Bild zeigt die Marktgasse im alten Teil d⎯ Stadt Bern. 2. Es ist eine Fußgängerzone und

man sieht nur die Schienen *(tracks)* ein⎯ Straßenbahn. 3. Wer hier Auto fährt, ist Lieferant

(supplier) ein⎯ Geschäfts oder ein Taxi, dass zu einem d⎯vielen Hotels fährt. 4. Links und

rechts in den Arkaden d⎯ Altstadt gibt es Geschäfte. 5. Über den Geschäften sind Wohnungen.

Die Fenster d⎯ Wohnungen sind schön groß. 6. Die Fassaden d⎯ Häuser sind alt und an

manchen Häusern sieht man Flaggen d⎯ Schweizer Kantone. 7. Die zweite Flagge links ist die

Flagge d⎯ Schweiz. 8. Die Berner lieben ihre Stadt und die Geschichte ihr⎯ Landes.

F. Eine Reise in die Schweiz Auf Deutsch bitte!

1. *Is that Eva's train?*

   _____

2. *Do you know the number of the platform?*

   _____

3. *No. Where are the departure times of the trains?*

   _____

4. *Her train leaves in a few minutes.*

   _____

5. *Here, take along Kurt's package.*

   _____

6. *Kurt is a student and a friend of a friend (f.).*

   _____

7. *Eva doesn't know this Swiss guy, but she knows that he lives in Zurich.*

   _____

   _____

   _____

8. *Eva, do you have the student's (m.) address?*

   _____

9. *No, but I know the name of the dorm.*

   _____

10. *I'll take (bring) it to him during the holidays.*

    _____

11. *Because of the exams, I don't have time now.*

    _____

12. *I'll call you, when I've arrived.*

    _____

13. *And I'll send you a text message* (**die SMS**) *instead of an e-mail.*

    _____

    _____

    _____

14. *That sounds good. Take care!*

    _____

G. **Städte und Länder** Was ist was auf dieser Karte von der Schweiz?

Die großen Buchstaben *(capital letters)* repräsentieren Länder, die kleinen Buchstaben *(lowercase letters)* Flüsse, Seen, Berge oder Pässe und die Zahlen Städte. Was gehört zu welchen Buchstaben und Zahlen?

LÄNDER	FLÜSSE / SEEN / BERGE / PÄSSE	STÄDTE
A. _____	a. _____	1. _____
B. _____	b. _____	2. _____
C. _____	c. _____	3. _____
D. _____	d. _____	4. _____
E. _____	e. _____	5. _____
	f. _____	6. _____
	g. _____	7. _____
	h. _____	8. _____
	i. _____	9. _____
	j. _____	10. _____
		11. _____
		12. _____

H. Bei Müllers zum Abendessen Jeder erzählt etwas. Und die anderen, was sagen sie? Wählen Sie *(choose)* aus der Liste!

Ach du meine Güte!	Das tut mir *(furchtbar)* leid.
Ach nein!	Gott sei Dank!
Das freut mich.	Na prima!
Das gibt's doch nicht!	Na und?
Das ist doch egal.	Pech gehabt!
Das macht nichts.	Schade!
Das sieht dir ähnlich.	Super!

KURT   Mensch, ich habe immer noch Hunger!

HELGA   _____

SUSI   Heute früh ist mir der Bus direkt vor der Nase weggefahren *(drove off right in front of me)*.

KURT   _____

SUSI   Weil ich meine Hausaufgaben nicht mitgehabt habe, muss ich jetzt eine Seite aus dem Buch abschreiben *(copy)*.

KURT   _____

HELGA   Aua, das Messer ist scharf *(sharp)*! Mutti, hast du ein Hansaplast*? Schnell! Aua aua aua!

MUTTER _____

SUSI   Wir haben nur Leukoplast*.

MUTTER _____

HELGA   So, jetzt ist alles wieder gut.

VATER   _____

HELGA   Habe ich euch gesagt, dass ich einen Flug nach Mallorca gewonnen *(won)* habe?

SUSI   _____

HELGA   Da muss ich eine Woche unbezahlten Urlaub *(unpaid vacation)* nehmen.

SUSI   _____

VATER   Onkel Otto ist im Krankenhaus *(hospital)*.

MUTTER _____

VATER   Am Wochenende darf er wieder nach Hause.

MUTTER _____. Kinder, heute gibt es keinen Nachtisch.

HELGA   _____

KURT   _____

*Hansaplast and Leukoplast are brands of adhesive bandages.

Name _____ Datum _____ Kurs _____

I. Dialog: Am Schalter in Zürich Wie geht's weiter?

Fragen Sie, wann der nächste Zug nach . . . fährt und auf welchem Gleis, wann er
dort ankommt und ob Sie umsteigen müssen? Was kostet die Fahrt? Kaufen Sie eine
Rückfahrkarte, Rückfahrt zu Silvester! Aber da gibt es ein Problem. Was nun? Seien Sie (be)
flexibel und kreativ in diesem Gespräch!

Zürich-Berlin-Zürich

Täglich Hinfahrt[1]		Täglich Rückfahrt[1]
19.44	Zürich HB	▲ 09.16
20.01	Baden	08.53
21.02	Basel SBB	07.55
21.25	Basel Bad Bf	07.45
22.03	Freiburg (Breisgau)HBF	07.05
22.45	Offenburg	06.20
23.26	Karlsruhe HBF	05.33
00.05	Mannheim HBF	04.50
00.55	Frankfurt (Main) Süd	03.58
05.35	Hannover HBF	23.53
06.34	Wolfsburg	22.54
07.46	Berlin-Spandau	21.51
08.00	Berlin Zoologischer Garten	21.39
08.15 ▼	Berlin Ostbahnhof	21.24

[1]Ausser 24.12. und 31.12.

SIE   Sagen Sie, wann fährt der nächste Zug nach . . . ?

DAME/HERR _____

SIE   _____

DAME/HERR _____

SIE   _____

DAME/HERR _____

_____

_____

_____

_____

_____

_____

_____

J. **Aufsatz: Eine interessante Reise** Schreiben Sie acht bis zehn Sätze über eine Reise, die *(which)* Sie gern einmal machen möchten, oder eine Reise, die besonders schön gewesen ist.

Zum Hören

GESPRÄCHE

CD 6,
Track 16

A. Am Telefon Hören Sie zuerst gut zu. Hören Sie sich dann das Gespräch noch einmal an und wiederholen Sie jeden Satz!

FRAU SCHMIDT	Hier Schmidt.
ANNEMARIE	Guten Tag, Frau Schmidt. Ich bin's, Annemarie.
FRAU SCHMIDT	Tag, Annemarie!
ANNEMARIE	Ist Thomas da?
FRAU SCHMIDT	Nein, tut mir leid. Er ist gerade zur Post gegangen.
ANNEMARIE	Ach so. Können Sie ihm sagen, dass ich heute Abend nicht mit ihm ausgehen kann?
FRAU SCHMIDT	Natürlich. Was ist denn los?
ANNEMARIE	Ich bin krank. Mir tut der Hals weh und ich habe Kopfschmerzen.
FRAU SCHMIDT	Das tut mir leid. Gute Besserung!
ANNEMARIE	Danke. Auf Wiederhören!
FRAU SCHMIDT	Wiederhören!

CD 6,
Track 17

B. Bis gleich! Hören Sie zu!

YVONNE	Bei Mayer.
DANIELA	Hallo, Yvonne! Ich bin's, Daniela.
YVONNE	Tag, Daniela! Was gibt's?
DANIELA	Nichts Besonderes. Hast du Lust, Squash zu spielen oder schwimmen zu gehen?
YVONNE	Squash? Nein, danke. Ich habe noch Muskelkater von vorgestern. Mir tut alles weh.
DANIELA	Lahme Ente! Wie wär's mit Schach?
YVONNE	Okay, das klingt gut. Kommst du zu mir?
DANIELA	Ja, bis gleich!

CD 6,
Track 18

Lesen Sie jetzt Danielas Rolle! Beginnen wir!

CD 6,
Track 19

C. Was ist richtig? Sie hören vier Fragen. Schreiben Sie die richtige Antwort auf!

1. _____   3. _____

2. _____   4. _____

AUSSPRACHE: l, z ◀◀ Als weitere mündliche Übung lesen Sie *Zur Aussprache* vorne im *Arbeitsbuch*, Teil III, Beispiele 7–9.

CD 6,
Track 20

A. Laute Hören Sie zu und wiederholen Sie.

1. [l] laut, leicht, lustig, leider, Hals, Geld, malen, spielen, fliegen, stellen, schnell, Ball, hell
2. [ts] zählen, zeigen, zwischen, zurück, zuerst, Zug, Zahn, Schmerzen, Kerzen, Einzelzimmer, Pizza, bezahlen, tanzen, jetzt, schmutzig, trotz, kurz, schwarz, Salz, Schweiz, Sitzplatz

B. **Wortpaare** Hören Sie zu und wiederholen Sie!

CD 6,
Track 21

1. *felt* / Feld   3. *plots* / Platz   5. seit / Zeit
2. *hotel* / Hotel   4. Schweiß / Schweiz   6. so / Zoo

Was hören Sie jetzt? ....

STRUKTUR

9.1 Endings of preceded adjectives

A. **Beschreibungen *(Descriptions)*** Kombinieren Sie das Wort mit dem Adjektiv!

CD 6,
Track 22

1. das Geschenk (toll)
   das tolle Geschenk

   ....

2. mein Freund (lieb)
   mein lieber Freund

   ....

3. ein Zimmer (sauber)
   ein sauberes Zimmer

   ....

B. **Sehenswürdigkeiten *(Attractions)*** Ersetzen Sie das Hauptwort!

CD 6,
Track 23

Ist das das bekannte Hotel? (Kirche)
Ist das die bekannte Kirche?

....

C. **Wie komme ich zu meiner kleinen Pension?** Antworten Sie mit dem neuen Adjektiv!

CD 6,
Track 24

Gehen Sie die Straße links! (erst-)
Gehen Sie die erste Straße links!

1. Gehen Sie die Straße links!
2. Gehen Sie die Straße rechts!
3. Fahren Sie mit dem Bus!
4. Fahren Sie an dem Park vorbei!
5. Steigen Sie bei dem Café aus!
6. Gegenüber ist das Museum.
7. Neben dem Museum ist die Pension.

9.2 Reflexive verbs

D. **Die Zeit läuft.** Ersetzen Sie das Subjekt!

CD 6,
Track 25

1. Sie müssen sich beeilen. (du)   2. Ich ziehe mich an. (wir)
   Du musst dich beeilen.   Wir ziehen uns an.

   ....

E. **Wir sind noch nicht fertig.** Sagen Sie, was noch zu tun ist!

CD 6,
Track 26

duschen
Ich muss mich noch duschen.

....

9.3 Infinitive with *zu*

F. Was kann man alles tun? Ersetzen Sie das Verb!

CD 6,
Track 27

1. Dort gibt es viel zu sehen. (tun)
   Dort gibt es viel zu tun.
   ....

2. Es macht Spaß, Schach zu spielen. (Briefmarken sammeln)
   Es macht Spaß, Briefmarken zu sammeln.
   ....

LESETEXT

CD 6,
Track 28

Freizeit—Lust oder Frust?
....

DIKTAT

CD 6,
Track 29

Hören Sie zu und schreiben Sie, was Sie hören!

1. _____
   _____

2. _____
   _____

3. _____
   _____

4. _____
   _____

5. _____
   _____

VERSTEHEN SIE?

CD 6,
Track 30

Am Telefon Hören Sie, was Herr Krause seiner Frau zu sagen hat!
....

CD 6,
Track 31

Was ist richtig?

1. a. Peter
   b. Dieter
   c. Willi

2. a. Sie hat sich erkältet.
   b. Sie hat Ohrenschmerzen.
   c. Sie ist vom Baum gefallen.

3. a. Sie hat Klavier gespielt.
   b. Sie hat Karten gespielt.
   c. Sie ist ins Kino gegangen.

4. a. Er hat keine Lust.
   b. Die Konferenz beginnt.
   c. Er hat nichts zu sagen.

5. a. am Wochenende
   b. in fünf Minuten
   c. übermorgen

Video-Interviews

ZUM THEMA: „Was tun Sie gern in Ihrer Freizeit?"

Zum Erkennen: der Pilz, -e *(mushroom)*; der Grund, ⁼e *(reason)*; sich aus·leihen *(to loan)*; das Wellenreiten *(surfing)*; nur bedingt betreiben *(to do on a limited scale)*; regelmäßig *(regularly)*; die Art, -en *(type of)*; ansonsten *(otherwise)*

A. Was stimmt?

Burkhardt Mienert

1. Herr Mienert geht gern mit seiner Frau _____.
   a. einkaufen   b. spazieren   c. Freunde besuchen

2. Er geht auch ganz gern allein _____.
   a. in die Stadt   b. in den Stadtpark   c. in den Wald

3. Im _____ geht er auch gern Pilze sammeln.
   a. Frühling   b. Sommer   c. Herbst

4. Er _____ gern und findet immer einen Grund dafür.
   a. isst   b. trinkt   c. feiert

5. Das tut er gern zusammen mit seinen _____.
   a. Freunden   b. Nachbarn   c. Geschwistern

6. Herr Krebs geht gern in _____, wo er sich Bücher ausleiht.
   a. den Buchladen   b. ins Kaufhaus   c. die Bibliothek

7. Wenn er einen Film sehen will, _____.
   a. leiht er sich ein Video aus   b. kauft er sich eine DVD   c. geht er ins Kino

8. Wenn das Wetter schön ist, geht Frau Siegmund gern _____.
   a. ins Schwimmbad   b. wandern   c. Fahrrad fahren

9. Sie liebt Blumen und hat viele _____.
   a. auf ihrem Balkon   b. in ihrem Garten   c. in ihrem Wohnzimmer

10. Im Winter geht sie gern _____ laufen.
    a. Schlittschuh   b. Ski   c. Rollschuh

11. Herr Axer treibt gern Sport und am liebsten geht er _____.
    a. Tennis spielen   b. joggen   c. Wellen reiten

12. Das kann man in Berlin _____ tun.
    a. leicht auf der Spree   b. nicht so gut   c. immer auf dem Wannsee

13. Man sieht ihn auch oft _____.
    a. im Fitnessstudio   b. im Schwimmbad   c. beim Handballspiel

14. Frau Wöllerts Hobby ist _____.
    a. Kochen   b. Backen   c. Tanzen

15. Das tut sie _____.
    a. täglich   b. regelmäßig   c. zuerst

16. Ansonsten _____.
    a. ist sie nicht sehr sportlich   b. interessiert sie sich   c. langweilt sie sich
                                         für alles   leicht

B. Jetzt sind Sie dran! Wie beantworten SIE die Frage des Reporters? Schreiben Sie in sechs bis acht Sätzen, was Sie gern in Ihrer Freizeit tun und was nicht! Warum (nicht)?

Zum Schreiben

A. Erweitern Sie Ihren Wortschatz!

The first element of a compound verb or verbal phrase may be a <u>noun</u> (**Rad fahren**), an <u>adjective</u> (**schwerfallen**), another <u>verb</u> (**kennenlernen**), or some <u>other</u> <u>particle</u>, such as **auseinander** *(apart)*, **miteinander** *(together)*, or **nebeneinander** *(next to each other)*. Though these constructions have one "compound meaning," they are NOT ALWAYS spelled as one word. (Prefix-verbs, on the other hand, are spelled together. For a review of prefix-verbs, see Chapter 7.)

1. **Was für ein Wort ist der erste Teil von jeder Verbalphrase?** Was bedeutet die Verbalphrase auf Englisch?

to be difficult	to be on close terms	to be over	to bicycle	to clean
to finish, prepare	to get acquainted	to go on a walk	to ice skate	to let (it) be
to ski	to sit next to each other	to stop	to talk to each other	to write separately

BEISPIEL   Kopfstehen   *Kopf:* noun—*to stand on one's head*

a. auseinanderschreiben _____

b. Eis laufen _____

c. fertigmachen _____

d. Halt machen _____

e. kennenlernen _____

f. miteinander sprechen _____

g. nahestehen _____

h. nebeneinandersitzen _____

i. Rad fahren _____

j. sauber machen _____

k. schwerfallen _____

l. sein lassen _____

m. Ski laufen _____

n. spazieren gehen _____

o. vorbei sein _____

2. **Was gehört zu welchem Verb?** Kombinieren Sie die Vorsilben *(prefixes)* mit Verben auf der Liste!

auf	aus	ein	herein	mit
nach	vorbei	zu	zurück	

bleiben	fahren	fliegen	geben	halten
lassen	laufen	packen	schicken	

BEISPIEL *to open up*   aufmachen

a. *to pack (in a suitcase)* _____

b. *to unpack* _____

c. *to hold open* _____

d. *to let in* _____

e. *to run after* _____

f. *to drive past* _____

g. *to send along* _____

h. *to give back* _____

i. *to fly back* _____

j. *to stay closed* _____

B. Was passt nicht?

1. der Mund—der Arm—die Hand—der Finger
2. das Auge—die Nase—die Haare—das Ohr
3. das Bein—der Hals—das Knie—der Fuß
4. die Gitarre—das Klavier—das Gesicht—die Trompete
5. der Kopf—der Bauch—die Zähne—der Rücken

C. Auf Deutsch bitte!

1. *to collect* _____

2. *to cook* _____

3. *to hike* _____

4. *to hurry* _____

5. *to meet* _____

6. *to prefer* _____

7. *to relax* _____

8. *to spend money* _____

9. *to take a shower* _____

10. *to watch TV* _____

D. Kreuzworträtsel Ergänzen Sie *(complete)* das Kreuzworträtsel auf Deutsch! (Ü = UE, Ö = OE, ß = SS)

HORIZONTAL

1. *tooth* 4. *afterwards* 8. *stomach* 10. *sick* 12. *healthy* 13. *out (of)* 15. *card*
20. *television* 22. *knee* 24. *head* 25. *at* 26. *there* 29. *eggs* 31. *guitar* 32. *abbreviation for European Union* 33. *hair* 34. *never* 35. *it* 38. *legs* 39. *around* 40. *oh* 41. *with*
42. *feet* 48. *back* 49. *also* 50. *to* 51. *to paint* 53. *lake* 54. *face* 56. *whether* 57. *to hike*
58. *to hurt* 59. *village*

VERTIKAL

2. *fishing* 3. *nose* 4. *then* 5. *girl's name* 6. *he* 7. *into* 9. *Latin abbreviation for Switzerland*
11. *eyes* 14. *chess* 16. *tea* 17. *and* 18. *others* 19. *to take pictures* 20. *to be lazy* 21. *to collect*
22. *body* 23. *idea* 27. *piano* 28. *checkers* 30. *soon* 36. *(at) first* 37. *to swim* 42. *woman*
43. *shoulder* 44. *game* 45. *today* 46. *to whom* 47. *neck* 52. *but* 54. *good* 55. *in the*

E. Radtouren im Münsterland Ergänzen Sie die fehlenden Wörter und Endungen.

●●

1. Diese Karte zeigt eine interessant____ Alternative, Ferien _____ machen.

2. Im norddeutsch____ Münsterland kann man zum Beispiel mit dem _____ von einem

Bauernhof *(farm)* zum anderen fahren. 3. Diese besonder____ Tour ist _____ Kilometer

lang und dauert _____ Tage. 4. Auf dem Weg kann man viele Schlösser, Burgen und

Museen _____, wie zum Beispiel _____ Velen, _____ Ramsdorf

oder das _____ in Borken. 5. Abends übernachtet man dann nicht in einem elegant____

Hotel, sondern auf einem gemütlich____ Bauernhof. 6. Dort frühstückt man und ist da auch zum

Abendessen, aber während des Tag____ hat man ein klein____ Lunchpaket. 7. Wer kein eigen____

(own) Fahrrad hat, kann auch eins mieten. 8. Bei so einer Reise hält man _____ fit

und hat keine Chance, sich _____ langweilen. 9. Wenn Sie das interessiert, schreiben

Sie an *(to)* Frau Agnes Wenker in _____!

F. Vier Leute, vier Hobbys Lesen Sie, was die vier jungen Leute über ihr Hobby zu sagen haben. Nennen Sie die fehlenden Adjektivendungen! Sagen Sie am Ende etwas über Ihr Hobby!

KATJA: Ich fotografiere gern und finde, dass es ein sehr kreativ_____ Hobby ist. Ich habe meine klein_____ Kamera immer dabei. Man weiß ja nie, ob es nicht plötzlich ein gut_____ Motiv *(n.)* gibt. Hier sehen Sie meine klein_____ Schwester, eine lustig_____ Person. Sie ist schon eine gut_____ Fotografin.

OLLI: Ich liebe Paddeln, weil man da in der frei_____ Natur ist und keine laut_____ Musik hört. Am Wochenende habe ich mit einem alt_____ Freund eine lang_____ Paddeltour durch den idyllisch_____ Spreewald gemacht. Durch den Spreewald in der Nähe von Berlin geht ein groß_____ Netz *(n., network)* von klein_____ Kanälen *(pl., channels).* Ein wirklich_____ Paradies *(n.)* für Paddler!

PIA: Mein Hobby ist Nordic Walking. Ich bin kein groß_____ Jogger, aber diesen neu_____ Trendsport finde ich super. Es ist ein billig_____ Hobby und gut für den ganz_____ Körper. Nach vier Stunden Nordic Walking fühle ich mich wie ein neu_____ Mensch. Bin gerade auf einem viertägig_____ Kurs *(m.)* in den Bayerisch_____ Alpen gewesen. Eine herrlich_____ Zeit!

RALF: Ich gehe gern segelfliegen. Bin Mitglied in einem klein____ Klub, wo ich auch

meine ganz____ Freunde habe. Da bin ich jede frei____ Minute. Wenn ich

da unten die klein____ Häuser und Autos sehe, dann fühle ich mich frei.

Man gewinnt eine gesund____ Distanz *(f.)* und plötzlich sind viele unserer

täglich____ Probleme so unwichtig.

ICH: _____

_____

_____

_____

G. Los geht's! Auf Deutsch bitte!

1. *Otto, get dressed.*

_____

2. *Christian, hurry!*

_____

3. *Carolin and Sabrina, are you putting on a sweater?*

_____

_____

4. *We still have to brush our teeth.*

_____

5. *Peter, comb your hair!*

_____

6. *Today we're all going jogging.*

_____

7. *Don't you* (pl. fam.) *feel like doing something for your health* **(die Gesundheit)?**

_____

_____

8. *Yes, but I don't feel well today. I have a stomachache.*

_____

_____

9. *Then lie down* (sg. fam.).

_____

10. *No, I'm going to sit down on the balcony and read a book.*

_____

_____

H. Keine Lust Wie geht's weiter?

Sie und Ihre Freundin Claire sind auf dem Weg zu einer Party (zur Sinfonie, zum Kino, zum Fußballspiel usw.) und da treffen Sie *(meet)* plötzlich Dirk Olson. Er möchte, dass Sie mit ihm in eine Disko oder . . . gehen. Sie haben aber keine Lust. Was sagen Sie?

DIRK _____

SIE _____

DIRK _____

CLAIRE _____

DIRK _____

_____

_____

_____

_____

_____

I. Bildbeschreibung: Was sieht man da? Beschreiben Sie ein Bild aus Kapitel 9 oder einem anderen Kapitel von *Wie geht's?*

Zum Hören

GESPRÄCHE

CD 7,
Track 2

A. Blick in die Zeitung Hören Sie zuerst gut zu. Hören Sie sich dann das Gespräch noch einmal an und wiederholen Sie jeden Satz!

SONJA   Du, was gibt's denn heute Abend im Fernsehen?
THEO   Keine Ahnung. Sicher nichts Besonderes.
SONJA   Mal sehen! *Gute Zeiten, schlechte Zeiten*, einen Dokumentarfilm und einen Krimi.
THEO   Ach nee.
SONJA   Vielleicht gibt's was im Kino?
THEO   Ja, *Das Leben der Anderen* und *Nirgendwo in Afrika*.
SONJA   *Das Leben der Anderen* habe ich schon zweimal gesehen, außerdem habe ich das auf DVD. Der Film ist echt klasse! Vielleicht können wir ihn mal bei mir zusammen anschauen, aber nicht heute. *Nirgendwo in Afrika* kenne ich auch.
THEO   Na gut. . . . Heh, schau mal! Im Theater gibt's *Der kaukasische Kreidekreis* von Brecht.
SONJA   Nicht schlecht. Hast du Lust?
THEO   Ja, das klingt gut. Gehen wir!

CD 7,
Track 3

B. An der Theaterkasse Hören Sie zu!

THEO   Haben Sie noch Karten für heute Abend?
DAME   Ja, erste Reihe erster Rang links und Parkett rechts.
THEO   Zwei Plätze im Parkett! Hier sind unsere Studentenausweise.
DAME   10 Euro bitte!
SONJA   Wann fängt die Vorstellung an?
DAME   Um 20.15 Uhr.

CD 7,
Track 4

Lesen Sie jetzt Theos Rolle! Beginnen Sie!

CD 7,
Track 5

C. Fragen Welche Antwort ist richtig?

1. a. *Good bye Lenin!*
   b. *Der kaukasische Kreidekreis.*
   c. *Gute Zeiten, schlechte Zeiten.*

2. a. Im ersten Rang.
   b. Im Parkett.
   c. Im zweiten Rang.

3. a. um 19.30 Uhr
   b. um 20.00 Uhr
   c. um 20.15 Uhr

AUSSPRACHE: r, er ◄◄ Als weitere mündliche Übung lesen Sie *Zur Aussprache* vorne im *Arbeitsbuch*, Teil II, Beispiel 9, und Teil III, Beispiel 11.

CD 7,
Track 6

A. Laute Hören Sie zu und wiederholen Sie!

1. [r]   **r**ot, **r**osa, **r**uhig, **r**echts, **R**adio, **R**egal, **R**eihe, **R**oman, P**r**og**r**amm, Do**r**f, Konze**r**t, Fah**r**t, Gita**rr**e, trau**r**ig, k**r**ank, He**rr**en
2. [ʌ]   Orchest**er**, Theat**er**, Mess**er**, Tell**er**, ab**er**, leid**er**, hint**er**, unt**er**, üb**er**, wied**er**, weit**er**
3. [ʌ / r]   Uh**r** / Uh**r**en; Oh**r** / Oh**r**en; Tü**r** / Tü**r**en; Cho**r** / Chö**r**e; Auto**r** / Auto**r**en; Klavie**r** / Klavie**r**e

CD 7,
Track 7

B. Wortpaare Hören Sie zu und wiederholen Sie!

1. *ring* / Ring
2. *Rhine* / Rhein
3. *fry* / frei
4. *brown* / braun
5. *tear* / Tier
6. *tour* / Tour

Was hören Sie jetzt? ....

STRUKTUR

10.1 Verbs with prepositional objects

A. Worauf wartet sie? Ersetzen Sie das Objekt!

CD 7,
Track 8

1. Evi wartet auf die Straßenbahn. (Taxi)
   Evi wartet auf das Taxi.
   ....

2. Schreiben Sie an die Zeitung! (Gasthof)
   Schreiben Sie an den Gasthof!
   ....

10.2 *Da-* and *wo-*compounds

B. Wofür? Womit ersetzen Sie das Objekt?

CD 7,
Track 9

für meinen Onkel   *für ihn*
für unser Haus   *dafür*

....

C. Fragen Wie fragen Sie nach dem Objekt?

CD 7,
Track 10

an die Eltern   *An wen?*
an die Tafel   *Woran?*

....

10.3 Endings of unpreceded adjectives

D. Was möchten alle? Ersetzen Sie das Objekt!

CD 7,
Track 11

Alle möchten frischen Salat. (Brot)
Alle möchten frisches Brot.

....

E. Wie viele? Welche Endung hat das neue Adjektiv?

CD 7,
Track 12

Peter hat einige Ideen. (gut)
Peter hat einige gute Ideen.

....

LESETEXT

CD 7,
Track 13

Wer die Wahl hat, hat die Qual.
....

DIKTAT

CD 7,
Track 14

Hören Sie zu und schreiben Sie, was Sie hören!

1. _____

2. _____

3. _____

4. _____

5. _____

VERSTEHEN SIE?

CD 7,
Track 15

Im Theater Hören Sie sich Hermanns Geschichte an!

Zum Erkennen: der Mörder *(murderer)*; böse *(mad, angry)*

....

CD 7,
Track 16

Richtig oder falsch?

1. richtig	falsch		4. richtig	falsch
2. richtig	falsch		5. richtig	falsch
3. richtig	falsch			

Video-Interviews

Alexander Axer

ZUM THEMA: „Was tragen Sie gern?"

Zum Erkennen: ausgefallen *(unusual)*; hoh- *(high-heeled)*; das Oberteil, -e *(top)*; bunt *(colorful)*; der Turnschuh, -e *(sneaker)*; entweder . . . oder *(either . . . or)*; der Stiefel, - *(boot)*; leger *(casual)*; glücklicherweise *(luckily)*; gezwungen *(obligated)*; ein·halten *(to abide by)*; sowieso *(anyway)*; der Knopf, ¨e *(button)*; der Kragen, - *(collar)*; die Wolle *(wool)*; die Baumwolle *(cotton)*; angenehm *(comfortable)*; der Kundentermin, -e *(client appointment)*; zwingend erforderlich *(absolutely necessary)*; glänzend *(shiny)*; das Jackett, -s *(jacket)*; der Strumpf, ¨e *(stockings)*

A. Was stimmt?

1. Frau Zunker trägt gern _____.
   a. Röcke   b. Kleider   c. Hosen

2. Ihre Lieblingsfarben sind _____ und _____.
   a. Rosa / Lila   b. Schwarz / Blau   c. Grün / Orange

3. Sie liebt _____ Blusen
   a. dünne   b. ausgefallene   c. lange

4. Frau von Heyden zieht unheimlich gern _____ an.
   a. Mäntel   b. Jacken   c. Jeans

5. Dazu trägt sie oft _____ oder _____.
   a. T-Shirts / Sweatshirts   b. Blusen / Hemden   c. Socken / Strümpfe

6. An ihren Füßen trägt sie gern _____.
   a. hohe Schuhe   b. bequeme Turnschuhe   c. einfache Sandalen

7. Sie liebt _____ Kleidung.
   a. legere   b. elegante   c. billige

8. _____ trägt auch gern Jeans und T-Shirts.
   a. Sonja Zunker   b. Alexander Axer   c. Sandra Passaro

9. Bei der Arbeit trägt Herr Axer meistens _____.
   a. Stiefel b. Sandalen c. Turnschuhe

10. Es gibt da _____.
   a. keinen Dresscode b. keine Uniform c. keinen Stil

11. Er kann mehr oder weniger anziehen, was er _____.
   a. darf b. muss c. will

12. Er trägt gern Baumwollpullover, weil sie _____.
   a. bequem b. warm c. nicht zu dick

13. Bei Kundenbesuchen muss er natürlich _____ tragen.
   a. einen Pulli b. ein Hemd c. einen Mantel

14. Matin zieht sich manchmal gern _____ an.
   a. leger b. elegant c. bunt

15. Dazu gehört natürlich ein Hemd und _____.
   a. eine Jacke b. ein Knopf c. ein Jackett

16. Seine Hemden sind dann gewöhnlich _____.
   a. weiß b. blau c. rosa

17. Und seine Schuhe sind _____.
   a. neu b. glänzend c. schmutzig

18. Frau Passaro liebt _____ Farben.
   a. bunte b. helle c. dunkle

19. Sie zieht gern _____ an.
   a. Kleider b. Hosen c. Röcke

20. Dazu trägt sie gern _____.
   a. Rollkragenpullover b. Wollpullover c. Synthetikpullover

B. Jetzt sind Sie dran! Wie beantworten SIE die Frage des Reporters? Schreiben Sie in sechs bis acht Sätzen, was Sie normalerweise gern tragen und was nicht! Was sind Ihre Lieblingsfarben und was für Farben tragen Sie nicht gern? Ziehen Sie sich manchmal fein an? Wenn ja, wofür und was tragen Sie dann?

Zum Schreiben

A. Erweitern Sie Ihren Wortschatz!

Most German infinitives can be used as nouns. They fulfill the same function as the English gerund. For some verbs, the verbal complement is combined with the infinitive to form one word.

Ergänzen Sie das deutsche Äquivalent!

BEISPIELE   Das <u>Tanzen</u> macht uns Spaß.
dancing

Das <u>Eislaufen</u> ist ein beliebter Sport.
ice skating

1. Das _____ ist ein schöner Sport.
   skiing

2. Auch heute verbringen *(spend)* viele Hausfrauen ihre Tage mit _____,
   shopping
   _____, _____ und _____.
   cleaning   *washing*   *cooking*

3. Viele Leute halten sich mit _____ oder _____ fit.
   running   *swimming*

4. Meiner Mutter macht das _____ Spaß, meinem Vater das _____,
   running   *taking pictures*
   meiner Schwester das _____ und meinem kleinen Bruder das _____.
   playing the piano   *watching TV*

B. Welche Definition gehört zu welchem Wort? Nicht alles passt!

a. Autoren   e. Krimis   i. Romane
b. Chöre   f. Maler   j. Schauspieler
c. Fernsehen   g. Nachrichten   k. Werbung
d. Komponisten   h. Orchester   l. Zuschauer

_____ 1. Diese Leute schreiben Bücher.

_____ 2. In diesen Büchern lesen wir eine lange Geschichte.

_____ 3. Solche Filme sind besonders spannend.

_____ 4. Diese Leute sitzen auf den Stühlen im Kino und schauen sich Filme an.

_____ 5. Sie spielen Rollen in Filmen und Theaterstücken.

_____ 6. Sie komponieren Musik und auch Opern und Operetten.

_____ 7. Ihre Gemälde sieht man in Kunstgalerien.

_____ 8. Das sehen sich viele abends gemütlich zu Hause an.

_____ 9. Diese Programme sprechen über alles Neue des Tages.

_____10. Das sieht man viel in Zeitungen und Zeitschriften und soll Leute zum Kaufen der Produkte anregen *(prompt)*.

C. Was ist das Gegenteil?

1. beliebt _____

2. einseitig _____

3. herrlich _____

4. intelligent _____

5. lustig _____

6. privat _____

7. reich _____

8. spannend _____

9. lachen _____

10. am Ende _____

D. Was sagen Sie? Welche Reaktion passt am besten *(the best)* zu den folgenden Aussagen oder Fragen?

1. Wie gefällt dir das Buch?
   a. Es ist fantastisch.
   b. Es schmeckt gut.
   c. Es passt mir nicht.

2. Na, wie findest du mein Auto?
   a. Keine Ahnung!
   b. Es ist spannend.
   c. Spitze!

3. Volker ist immer noch nicht da. Er kommt doch immer zu spät!
   a. Das finde ich langweilig.
   b. Typisch!
   c. Ja, toll!

4. Tina und Kurt haben Probleme mit ihrem Fernseher. Sie haben ihn schon so oft zum Service gebracht. Die Leute sagen, alles ist repariert. Aber wenn Tina und Kurt dann zu Hause sind, funktioniert er wieder nicht. Jetzt geht die Fernbedienung *(remote control)* nicht. Was sagt Kurt?
   a. Na, prima!
   b. Das gefällt mir wirklich.
   c. Jetzt habe ich aber genug!

5. Ihr Computer geht wieder einmal nicht.
   a. Das ist genau das Richtige!
   b. Quatsch!
   c. Das gibt's doch nicht!

E. Leute und ihre Interessen Bilden Sie ganze Sätze!

1. ich / sich anhören / gern / schön / CDs

_____

_____

2. ich wissen // du / sich interessieren / *[prep.]* / klassisch / Musik

_____

_____

3. du / sprechen / gern / immer / *[prep.]* / groß / Reisen

_____

_____

4. ich / sammeln / deutsch / und / amerikanisch / Briefmarken

_____

_____

5. was / man / können / machen / mit / alt / Briefmarken?

_____

_____

6. Interessen / viele / Leute / sein / einfach / verschieden

_____

_____

F. Verschiedene Bilder Ergänzen Sie die Adjektivendungen!

1. Im Buch sieht man einige schön_____ Bilder von Leuten bei ihr_____ Hobbys. 2. So sehen

wir zum Beispiel eine jung_____ Frau beim Telefonieren oder ein paar Skiläufer während einer

kurz_____ Skipause *(. . . break)* in der idyllisch_____ Schweiz. 3. Andere sind mit dem Fahrrad

unterwegs, machen mit bei einem groß_____ Marathon *(m.)* in Bern oder gehen Schlittschuh

laufen vor der Alt_____ Oper in Frankfurt. 4. Auf einem ander_____ Bild sieht man Zuschauer

bei ein_____ Konzert. 5. Was bei jung_____ Leuten auch beliebt ist, ist Drachenfliegen *(hang-

gliding)*. 6. Dafür muss man aber in gut_____ Kondition *(f.)* sein. 7. Drachenfliegen macht sicher

Spaß, aber es ist ein gefährlich_____ *(dangerous)* Sport. 8. Da fragt man sich, was die Menschen

an so einem gefährlich_____ Sport fasziniert. 9. Und doch ist es toll, wenn man an einem

sonnig_____ Tag sieht, wie bunt_____ Drachenflieger in groß_____ Kreisen *(circles)* über das

weit_____ Land fliegen.

G. Loriot Ergänzen Sie die Adjektivendungen!

1. Hast du schon mal von Loriot gehört,

dem beliebt____ deutsch____ Autor und

Humoristen? 2. Er ist ein unheimlich

vielseitig____ Mensch, voller Humor und

gut____ Menschenkenntnis *(f., knowledge*

of human nature). 3. Seine typisch____

Cartoons und kurz____ Geschichten zeigen

Menschen im täglich____ Leben, wo es oft kein

kommunikativ____ Gespräch gibt. 4. Gerade

habe ich „Das Frühstücksei" und „Macht

nix" gelesen, zwei lustig____ Konversationen

zwischen Eheleuten *(married people).* 5. Ich

habe mir die zwei klein____ Geschichten auch im Internet bei www.youtube.com angeschaut.

Einfach klasse! 6. In der Fernsehserie *Unsere Besten* vom ZDF hat man Loriot vor ein paar

Jahren als den best____ deutsch____ Komödianten ausgezeichnet *(awarded).*

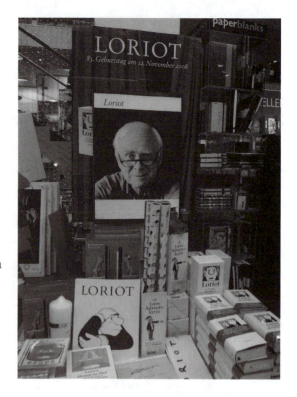

H. Noch einmal Auf Deutsch bitte!

1. **Präpositionalobjekte**

   a. *I am looking forward to the art show.*

   _____

   b. *We have talked about the show, but then I didn't think of the date.*

   _____

   _____

   c. *Please don't wait for me* (pl. fam.), *but go without me.*

   _____

   d. *You* (pl. fam.) *know I'm not interested in art.*

   _____

   e. *Why do you get so upset about this painter?*

   _____

   f. *I am not upset.*

   _____

   g. *I don't think much of his paintings.*

   _____

2. *Da*-Komposita oder Objekte mit Präpositionen

   a. *She's sitting next to them (i.e., their friends).*

   _____

   b. *They have two presents, one (**eins**) for her and one for him.*

   _____

   _____

   c. *Do you (sg. fam.) see the chair over there?*

   _____

   d. *On it lie the presents.*

   _____

   e. *Is there something for me?*

   _____

   f. *What does one do with it?*

   _____

   g. *Careful! Don't (sg. fam.) sit (down) on them.*

   _____

3. *Wo*-Komposita oder Objekte mit Präpositioen

   a. *Who is he coming with you (With whom . . .)?*

   _____

   b. *What are they talking about?*

   _____

   c. *What are you (sg. fam.) thinking of?*

   _____

   d. *Who is he waiting for (For whom . . .)?*

   _____

   e. *What are you (pl. fam.) angry about?*

   _____

   f. *What is he interested in?*

   _____

   g. *Who are you (sg. fam.) writing to (To whom . . .)?*

   _____

   h. *Who are these flowers for (For whom . . .)?*

   _____

I. An der Theaterkasse Ergänzen Sie, was der Herr vielleicht zu der Dame an der Kasse sagt!

Konzerthaus Freier Verkauf E, 19.00 Uhr	**Freitag** **22**	**Akademiekonzert** **Wolfgang Amadeus Mozart** *Sinfonia concertante. Es-Dur* **Gustav Mahler** *Symphonie Nr. 5 cis-Moll*
Schauspielhaus deutscher Sprache, 20.00 Uhr		***Der Kirschgarten*** Anton Tschechow
Opernhaus Freier Verkauf P, 20.00 Uhr	**Samstag** **23**	***Wozzeck*** Alban Berg
Kulturpalast Freier Verkauf R, 20.00 Uhr		***Schwanensee*** Peter Tschaikowsky

DAME Guten Abend!

HERR _____

DAME Es tut mir leid, aber für *Schwanensee* ist heute Abend alles ausverkauft.

HERR _____. Haben Sie denn noch Karten fürs Akademiekonzert?

DAME Nein, auch das ist ausverkauft.

HERR _____

DAME Im Schauspielhaus gibt's Tschechows *Kirschgarten* und im Opernhaus Alban Bergs *Wozzeck*.

HERR _____

DAME Ja, für *Wozzeck* haben wir noch Karten im Parkett und im Rang.

HERR _____

DAME 60 Euro bitte!

HERR _____

DAME Und vierzig Euro zurück.

HERR _____

DAME Um 20.00 Uhr.

HERR _____

J. Aufsatz: Ohne Handy geht's nicht mehr? Schreiben Sie einen kleinen Aufsatz (10–12 Sätze) über den Einfluss von Handys auf die Menschen von heute! Wer benutzt (use) sie wann und wo? Worüber sprechen sie? Warum sind sie so praktisch? Wann sind sie gefährlich (dangerous) und warum? Gibt es da Unterschiede zwischen den Amerikanern / Kanadiern und den Europäern?

Zum Hören

GESPRÄCH

CD 7,
Track 17

A. Partnersuche Hören Sie zuerst gut zu. Hören Sie sich dann das Gespräch ein zweites Mal an und wiederholen Sie jeden Satz!

MIA	Nicole, hör mal! „Gesucht wird: hübsche, dynamische, zärtliche Eva. Belohnung: gut aussehender Adam mit Herz, Ende 20, mag Antiquitäten, alte Häuser, schnelle Wagen, Tiere, Kinder."
NICOLE	Hmm, nicht schlecht, aber nicht für mich. Ich habe Angst in schnellen Autos und gegen Tiere bin ich allergisch.
MIA	Dann schau mal hier! „Es gibt, was ich suche. Aber wie finden? Künstler, Anfang 30, charmant, unternehmungslustig, musikalisch, sucht sympathische, gebildete, zuverlässige Frau mit Humor." Ist das was?
NICOLE	Ja, vielleicht. Er sucht jemanden mit Humor. Das gefällt mir; und Musik mag ich auch. Aber ob er Jazz mag?
MIA	Vielleicht können wir sie beide kennenlernen?
NICOLE	Ich weiß nicht. Mir ist das zu dumm, Leute durch Anzeigen in der Zeitung kennenzulernen.
MIA	Quatsch! Versuchen wir's doch! Was haben wir zu verlieren?
NICOLE	Was meinst du, Frank?
FRANK	Warum versucht ihr's nicht im Internet, wenn ihr's ernst meint? Da habt ihr mehr Auswahl.
NICOLE	Ach nee. Das ist mir zu riskant.
FRANK	Du bist eben ein Angsthase.
MIA	Luca und Emilie haben sich im Internet kennengelernt.
NICOLE	Ja, sie haben Glück gehabt.
FRANK	Siehst du!

CD 7,
Track 18

B. Fragen Welche Antwort ist richtig?

1. a. Sie lesen die Nachrichten.
   b. Sie lesen das Fernsehprogramm.
   c. Sie lesen Anzeigen.

2. a. Sie wollen ein Auto kaufen.
   b. Sie suchen einen Partner.
   c. Sie möchten eine Belohnung.

3. a. Der Mann ist ihr zu alt.
   b. Sie mag keine Antiquitäten.
   c. Sie ist allergisch gegen Tiere.

4. a. Er findet das keine schlechte Idee.
   b. Er möchte seinen Hund durch eine Anzeige verkaufen.
   c. Er meint, sie sollen im Internet suchen.

AUSSPRACHE: f, v, ph, w ◄◄ Als weitere mündliche Übung lesen Sie *Zur Aussprache* vorne im *Arbeitsbuch*, Teil III, Beispiele 1, 4 und 5.

CD 7,
Track 19

A. Laute Hören Sie zu und wiederholen Sie!

1. [f] **f**ast, **f**ertig, **f**reundlich, ö**ff**nen, Brie**f**
2. [f] **v**erliebt, **v**erlobt, **v**erheiratet, **v**ersucht, **v**ergessen, **v**erloren, **Ph**iloso**ph**ie
3. [v] **V**ideo, Kla**v**ier, Sil**v**ester, Pullo**v**er, Uni**v**ersität
4. [v] **w**er, **w**en, **w**em, **w**essen, **w**arum, sch**w**arz, sch**w**er, z**w**ischen

B. Wortpaare Hören Sie zu und wiederholen Sie!

1. *wine* / Wein	3. *oven* / Ofen	5. Vase / Wasser
2. *when* / wenn	4. *veal* / viel	6. vier / wir

Was hören Sie jetzt? ....

STRUKTUR

11.1 The simple past *(imperfect, narrative past)*

A. Was meinten sie? Ersetzen Sie das Subjekt!

1. Sie meinten es nicht. (ich)
   Ich meinte es nicht.

   ....

2. Ich wartete auf Klaus. (wir)
   Wir warteten auf Klaus.

   ....

3. Warum wussten wir nichts davon? (er)
   Warum wusste er nichts davon?

   ....

B. Was wünschte sie sich? Ersetzen Sie das Verb!

Sonja wollte ein Radio. (sich wünschen)
Sonja wünschte sich ein Radio.

....

11.2 The conjunctions *als, wenn, wann*

C. Bilden Sie einen Satz!

1. Beginnen Sie mit *Sie war nicht da, als . . .* !
   Er kam herein.
   Sie war nicht da, als er hereinkam.

   ....

2. Beginnen Sie mit *Ich sage es Ihnen, wenn . . .* !
   Ich weiß mehr.
   Ich sage es Ihnen, wenn ich mehr weiß.

   ....

3. Beginnen Sie mit *Wissen Sie, wann . . .* !
   Die Ferien beginnen.
   Wissen Sie, wann die Ferien beginnen?

   ....

11.3 The past perfect

D. Ersetzen Sie das Subjekt!

1. Wir hatten noch nicht angefangen. (du)
   Du hattest noch nicht angefangen.

   ....

2. Sie waren spazieren gegangen. (ich)
   Ich war spazieren gegangen.

   ....

MÄRCHEN

Rumpelstilzchen

....

DIKTAT

CD 7,
Track 26

Hören Sie zu und schreiben Sie, was Sie hören!

1. _____

_____

2. _____

_____

3. _____

_____

4. _____

_____

5. _____

_____

VERSTEHEN SIE?

CD 7,
Track 27

Der alte Großvater und sein Enkel Hören Sie sich die Geschichte an!

(Variante eines Märchens der Gebrüder Grimm)

Zum Erkennen: zog *(moved)*; zitterten *(trembled)*; die Tischdecke *(tablecloth)*; das Tablett *(tray)*; umfiel *(fell over)*; der Enkel, - *(grandson)*

....

CD 7,
Track 28

Richtig oder falsch?

1. richtig   falsch   4. richtig   falsch
2. richtig   falsch   5. richtig   falsch
3. richtig   falsch

Video-Interviews

ZUM THEMA: „Was verstehen Sie unter Gleichberechtigung in der Familie?"

Zum Erkennen: die Gleichberechtigung *(equal rights)*; meiner Meinung nach *(in my opinion)*; die Einteilung *(division)*; die Aufteilung *(sharing)*; verlassen *(to leave)*; sich kümmern um *(to take care of)*; bestimmt *(certain)*; berufstätig *(working)*; der Bereich, -e *(area)*; gleichberechtigt sein *(to have equal rights)*; sicherlich *(certainly)*; das Gröbere draußen *(dirty stuff outside)*; zuständig für *(responsible for)*; vor•herrschen *(to prevail)*; auf jeden Fall *(definitely)*

Andrea Wöllert

A. Richtig oder falsch?

_____ 1. Herr Mienert glaubt, dass bei den meisten Leuten die Gleichberechtigung in der Familie nicht funktioniert.

_____ 2. Wenn das mit der Gleichberechtigung funktionieren soll, muss man einen Plan haben.

_____ 3. Man braucht eine Arbeitsaufteilung.

_____ 4. Bei ihm zu Hause funktioniert das.

_____ 5. Wer bei Mienerts später das Haus verlässt, kümmert sich um den Haushalt.

_____ 6. Jeder hat seine ganz bestimmten Arbeiten.

_____ 7. Frau Siegmund meint, dass heute in den Familien die meisten Partner berufstätig sind.

_____ 8. Leider müssen die Frauen immer noch alles im Haushalt machen. Sie denkt, dass das auch so bleibt.

_____ 9. Sie meint, dass das mit der Arbeitsteilung oft nur einfache Phrasen sind.

_____ 10. Bei ihr zu Hause geht das aber gut.

_____ 11. Sie und ihr Mann sind beide berufstätig und sie teilen sich die Arbeit im Haushalt.

_____ 12. Mit der Freizeit und mit den Kindern ist das etwas problematischer.

_____ 13. Da hilft ihr Mann nicht viel.

_____ 14. Im Elternhaus von Frau Wöllert gab es keine Gleichberechtigung.

_____ 15. Ihr Vater hat gewöhnlich das Gröbere, die Schmutzarbeit draußen gemacht.

_____ 16. Ihre Mutter hat alles andere im Haushalt gemacht.

_____ 17. Sie denkt, dass ihre Eltern ganz gut zusammengearbeitet haben.

B. Jetzt sind Sie dran! Wie beantworten SIE die Frage des Reporters? Schreiben Sie in sechs bis acht Sätzen, wie Sie die Gleichberechtigung in der Familie oder unter Partnern sehen? Was muss dabei jeder tun? Wie ist das bei Ihnen zu Hause (gewesen)?

Name _____ Datum _____ Kurs _____

Zum Schreiben

A. Erweitern Sie Ihren Wortschatz!

Many adjectives are derived from other adjectives or from verbs or nouns. Certain suffixes characterize them as adjectives. A substantial number of adjectives you know end in **-ig, -lich, -isch,** or **-bar.**

1. **Was ist das Adjektiv dazu?**

BEISPIEL: der Schmutz *(dirt)*   *schmutzig*

a. die Ruhe _____

b. die Lust _____

c. der Tag _____

d. der Freund _____

e. der Sport _____

f. das Glück _____

g. die Musik _____

h. die Fantasie _____

i. das Wunder _____

j. die Furcht *(fear, awe)* _____

2. **Verstehen Sie diese Adjektive?** Welches Wort ist darin? Was bedeutet das auf Englisch?

audible   by letter   by telephone   concerning business   edible

festive   grateful   hourly   hungry   icy

motherly   playful   questionable   salty

legible   sleepy   typical   washable

BEISPIEL   geldlich   *monetary*

a. essbar _____

b. lesbar _____

c. waschbar _____

d. dankbar _____

e. hörbar _____

f. stündlich _____

g. feierlich _____

h. fraglich _____

i. brieflich _____

j. geschäftlich _____

k. mütterlich _____

l. hungrig _____

m. salzig _____

n. eisig _____

o. schläfrig _____

p. typisch _____

q. telefonisch _____

r. spielerisch _____

B. Was gehört wozu?

1. **Welches Adjektiv kennen Sie dazu?**

   a. der Charme _____

   b. der Fleiß _____

   c. die Freundschaft _____

   d. die Scheidung _____

   e. die Heirat _____

   f. das Interesse _____

   g. die Größe _____

   h. die Nähe _____

   i. der Wind _____

   j. das Talent _____

2. **Welches Substantiv (noun) kennen Sie dazu?** Nennen Sie auch den Artikel!

   a. abfahren _____

   b. anfangen _____

   c. arbeiten _____

   d. heiraten _____

   e. malen _____

   f. packen _____

   g. reisen _____

   h. telefonieren _____

   i. sich verlieben _____

   j. wünschen _____

3. **Was ist das Gegenteil davon?**

   a. fleißig _____

   b. geduldig _____

   c. hässlich _____

   d. intelligent _____

   e. kompliziert _____

   f. ledig _____

   g. lustig _____

   h. nett _____

   i. reich _____

   j. sympathisch _____

C. Auf Deutsch bitte! Nennen Sie das deutsche Wort und auch den Plural für die Substantive!

1. *the animal* _____

2. *the bird* _____

3. *the cat* _____

4. *the dog* _____

5. *the horse* _____

6. *sweet* _____

7. *versatile* _____

8. *immediately* _____

9. *nobody* _____

10. *suddenly* _____

D. Präsens, Imperfekt und Partizip Was fehlt?

essen	isst		gegessen
fahren	fährt		ist gefahren
finden	findet	fand	
gefallen		gefiel	gefallen
halten		hielt	gehalten
lassen	lässt		gelassen
laufen	läuft		ist gelaufen
nehmen		nahm	genommen
schlafen	schläft	schlief	
tragen	trägt		getragen
treffen	trifft	traf	
tun		tat	getan
vergessen	vergisst		vergessen
verlieren	verliert	verlor	
waschen	wäscht		gewaschen
werden	wird	wurde	

E. Das Märchen vom Froschkönig Ergänzen Sie die Verbformen in der Vergangenheit *(simple past)*, wenn nicht anders angegeben *(indicated)*!

In alten Zeiten _____ (1) ein König, der _____ (2) drei schöne Töchter,
          leben   *haben*

aber die dritte Tochter _____ (3) so schön, dass die Sonne sich _____ (4).
                                sein   *wundern*

Im heißen Sommer _____ (5) sie gern in den Wald, _____ (6) sich an einen
                           gehen   *setzen*

kühlen Brunnen *(well)* und _____ (7) mit einer goldenen Kugel *(ball)*. Eines Tages
                                 spielen

_____ (8) ihr die Kugel aus der Hand und _____ (9) in den Brunnen. Da
    fallen   *rollen*

_____ (10) sie _____ zu weinen. Plötzlich _____ (11) ein hässlicher
  anfangen   *kommen*

Frosch *(frog)* mit einem dicken Kopf aus dem Wasser und _____ (12) die Prinzessin,
fragen

warum sie so laut _____ (13) *(carried on)*. Sie _____ (14) dem Frosch,
jammern *erzählen*

dass ihre goldene Kugel in den Brunnen _____ _____ (15) *(had fallen)*. Der Frosch
fallen

_____ (16) ihr, die Kugel zurückzubringen. Aber dafür _____ (17) er ihr
versprechen *wollen*

Freund sein, mit ihr spielen, von ihrem Teller essen und in ihrem Bett schlafen. Als sie ja

_____ (18), _____ (19) der Frosch weg und _____ (20) ihr die Kugel
sagen *schwimmen* *bringen*

wieder. Die Königstochter _____ (21) sich sehr, _____ (22) nach Hause und
freuen *laufen*

_____ (23) den Frosch. Aber am nächsten Tag, als die Prinzessin und ihre Eltern und
vergessen

Geschwister beim Essen _____ (24), _____ (25) *(knocked)* jemand an die
sitzen *klopfen*

Tür. Als sie die Tür _____ (26), _____ (27) sie den Frosch vor der Tür
öffnen *sehen*

sitzen. Die Prinzessin _____ (28) ihrem Vater sagen, dass der Frosch ihr
müssen

_____ _____ (29) *(had helped)*, und der König _____ (30): „Was du
helfen *sprechen*

versprochen hast, musst du halten." Sie _____ (31) den Frosch herein und er
lassen

_____ (32) von ihrem Teller und _____ (33) aus ihrem Glas. Als die
essen *trinken*

Prinzessin im Bett _____ (34), sagte der Frosch: „Ich bin müde und will in deinem Bett
liegen

schlafen." Da _____ (35) die Königstochter böse *(angry)* und warf *(threw)* den Frosch
werden

an die Wand. Plötzlich _____ (36) vor ihr ein junger Königssohn mit freundlichen
stehen

Augen und _____ (37) ihr, weil sie ihn _____ _____ (38) *(had released*
danken *erlösen*

[from a spell]). Ein paar Tage später _____ (39) sie und _____ (40) in das
heiraten *reisen*

Land seines Vaters.

F. Noch einmal Auf Deutsch bitte!

```
┌─────────────────────────────────────────────┐
│        ☆  ☆        Hurra, Nina und Julian haben einen   │
│     ☆  🌙  ☆        Bruder bekommen.                      │
│    ☆              Luick                                  │
│                    5. Juli 2010                          │
│        ☆          55 cm – 4130 g                         │
│     ☆                                                    │
│                   Mit Ihnen freuen sich die 2-fachen     │
│              Großeltern Anita und Heinrich Bartels       │
│                    und Onkel Torsten                     │
└─────────────────────────────────────────────┘
```

1. **Hurra, ein Brüderchen!**

   a. *Did you know that Nina and Julian just got a little brother? b. No, I didn't know that. When was he born? c. He was born in July after Mike had returned from America. d. Whenever we speak with the grandparents, they are only interested in little Luick. e. How do Nina and Julian like their new little brother? f. They love him and always want to play with him.*

   _____

   _____

   _____

   _____

   _____

   _____

2. **Die Großeltern kommen.**

   a. *We got **(kommen)** to the airport after the plane had landed. b. When we arrived, they had already picked up **(holen)** their luggage. c. After we had found them, we drove home. d. My mother had been looking forward to this day. e. After I had shown her the baby, we sat down in the living room and talked about the family. f. Nina and Julian were happy because they also had received some presents.*

   _____

   _____

   _____

   _____

   _____

Kapitel 11 / Zum Schreiben   **147**

G. Ein besonderer Tag Lesen Sie die Anzeigen und beantworten Sie kurz die Fragen!

Zum Erkennen: die Probezeit *(trial period)*; freiwillig *(voluntarily)*; die Trauung *(wedding)*; die Hölle *(hell)*; verlor *(lost)*; der Kampf *(struggle)*; zwickt es *(it hurts a little)*; steuerpflichtig *(taxable)*

1. Wer ist Jasmin? Was hat sie Petra und Hedi freiwillig gegeben und wozu? Was mussten die beiden erst bestehen *(pass)*? Wann war die Hochzeit und wo?

   _____
   _____
   _____
   _____
   _____
   _____

2. Wer gratuliert Inge? Wer sind sie? Wie alt ist Inge geworden? Was für ein Typ ist sie? Was soll man im Leben nie verlieren?

   _____
   _____
   _____
   _____
   _____

H. Du, ich muss dir was sagen! Hören Sie zu, was Elke Ihnen erzählt, und reagieren Sie darauf entweder mit Ausdrücken aus der Liste oder mit Ihren eigenen Worten! Was halten Sie davon? Geben Sie danach kurz Ihren eigenen Kommentar dazu!

Das war aber nicht nett von euch.	Und dann?
Ihr seid gemein (mean).	Und was habt ihr da gemacht?
Das sieht euch ähnlich.	Keine Ahnung!
Ja, natürlich!	War er nett?
Ja, und?	Was denn?
Na klar!	Wirklich?

UTE Mensch, du glaubst gar nicht, was Marianne und ich gemacht haben.

SIE _____

UTE Du kennst doch Marianne, nicht wahr?

SIE _____

UTE Wir haben vor zwei Wochen eine Anzeige unter „Partnerwünsche" in die Zeitung gesetzt.

SIE _____

UTE Und da haben wir ungefähr fünfzehn verschiedene Antworten bekommen.

SIE _____

UTE Wir haben dann an einen Mann geschrieben.

SIE _____

UTE Wir haben gesagt, wir treffen (meet) ihn vor dem Café König.

SIE _____

UTE Und da hat er dann auch auf uns gewartet—mit einer roten Rose im Knopfloch (buttonhole).

SIE _____

UTE Er hat uns nicht besonders gefallen.

SIE _____

UTE So sind wir an ihm vorbeigegangen, ohne etwas zu sagen.

SIE _____

UTE Ich weiß.

WAS ICH DAVON HALTE _____

_____

_____

I. Aufsatz: Aus meinem Leben Erzählen Sie eine lustige oder interessante Geschichte (10-12 Sätze) aus Ihrem Leben, z. B. Ihre Schulzeit, eine Reise, Ferien mit Ihrer Familie, ein besonderes Tier usw.!

Rückblick: Kapitel 8-11

I. Verbs

1. Reflexive verbs

If the subject and object of a sentence are the same person or thing, the object is a reflexive pronoun. The reflexive pronouns are as follows:

	ich	du	er / es / sie	wir	ihr	sie	Sie
acc.	mich	dich	sich	uns	euch	sich	sich
dat.	mir	dir	sich	uns	euch	sich	sich

a. Many verbs <u>can</u> be used reflexively.

Ich habe **(mir)** ein Auto gekauft.   *I bought (myself) a car.*

b. Other verbs <u>must</u> be used reflexively, even though their English counterparts are often not reflexive.

Ich habe **mich** erkältet.   *I caught a cold.*

c. With parts of the body, German normally uses the definite article together with a reflexive pronoun in the dative.

Ich habe **mir die Haare** gewaschen.   *I washed my hair.*

You are familiar with the following **reflexive verbs:**

s. anhören, s. anschauen, s. ansehen, s. anziehen, s. ausruhen, s. umziehen, s. ausziehen, s. baden, s. beeilen, s. duschen, s. entscheiden, s. entspannen, s. erholen, s. erkälten, s. fit halten, s. (wohl) fühlen, s. (hin)legen, s. kämmen, s. konzentrieren, s. langweilen, s. (die Nase / Zähne) putzen, s. rasieren, s. (hin)setzen, s. verlieben, s. verloben, s. waschen, s. wünschen (*see also* 2 below).

2. Verbs with prepositional objects

Combinations of verbs and prepositions often have a special idiomatic meaning. These patterns cannot be translated literally but must be learned.

Er **denkt an** seine Reise.   *He's **thinking of** his trip.*

You are familiar with the following:

denken an, erzählen von, halten von, schreiben an, sprechen von, träumen von, warten auf; s. ärgern über, s. freuen auf, s. informieren über, s. interessieren für, s. vorbereiten auf.

3. The infinitive with *zu*

The use of the infinitive is similar in German and in English.

Ich habe viel **zu** tun.
Ich habe keine Zeit, eine Reise **zu** machen.
Vergiss nicht, uns **zu** schreiben!

If the infinitive is combined with other sentence elements, a COMMA separates the infinitive phrase from the main clause. If a separable prefix is used, **zu** is inserted between the prefix and the verb.

Hast du Lust, heute Nachmittag mit**zu**kommen?

REMEMBER: Don't use **zu** with modals! (Möchtest du heute Nachmittag **mitkommen**?)

4. Summary of past tenses

Be sure to learn the principal parts of verbs (infinitive, simple past, past participle). If you know that a verb is a regular *t*-verb, all its forms can be predicted; but the principal parts of irregular *t*-verbs and *n*-verbs must be memorized. You must also remember which verbs take **sein** as the auxiliary verb in the perfect tenses.

a. The perfect tenses

- Past participles

ᴛ-verbs (weak verbs)	ɴ-verbs (strong verbs)
(ge) + stem (change) + (e)t	(ge) + stem (change) + en
gekauft	gestanden
geheiratet	
gedacht	
eingekauft	aufgestanden
verkauft	verstanden
informiert	

- When used as auxiliaries in the present perfect, **haben** and **sein** are in the present tense. In the past perfect, **haben** and **sein** are in the simple past.

  Er **hat** eine Flugkarte gekauft.   Er **ist** nach Kanada geflogen.

  Er **hatte** eine Flugkarte gekauft.   Er **war** nach Kanada geflogen.

- In conversation, past events are usually reported in the present perfect. (The modals **haben** and **sein** may be used in the simple past.) The past perfect is used to refer to events happening BEFORE other past events.

  Nachdem wir den Film **gesehen hatten,** haben wir eine Tasse Kaffee getrunken.

b. The simple past

- Forms

ᴛ-verbs (weak verbs)			ɴ-verbs (strong verbs)		
ich		(e)te			–
du		(e)test			st
er		(e)te			–
	stem (change) +			stem (change) +	
wir		(e)ten			en
ihr		(e)tet			t
sie		(e)ten			en
	kaufte		stand		
	heiratete				
	dachte				
	kaufte ein		stand auf		
	verkaufte		verstand		
	informierte				

- In writing, the simple past is used to describe past events. In dialogues within narration, however, the present perfect is correct.

5. Sentence structure in the past tenses

Er **brachte** einen Freund **mit**.   . . ., weil er einen Freund **mitbrachte**.
Er **wollte** einen Freund **mitbringen**.   . . ., weil er einen Freund **mitbringen wollte**.
Er **hat** einen Freund **mitgebracht**.   . . ., weil er einen Freund **mitgebracht hat**.
Er **hatte** einen Freund **mitgebracht**.   . . ., weil er einen Freund **mitgebracht hatte**.
    V1   V2   V2   V1

II. The conjunctions *als, wann, wenn*

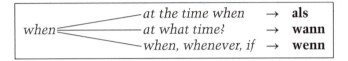

III. *Da-* and *wo-*compounds

Pronouns following prepositions refer to people; **da-** and **wo-**compounds refer to objects and ideas. Most accusative and dative prepositions and all two-way prepositions can be part of such compounds. Prepositions beginning with a vowel are preceded by **dar-** and **wor-**.

Er wartet **auf einen Brief**.
Worauf wartet er? Er wartet **dar**auf.

IV. Cases

1. Summary of the four cases

	use	follows . . .	masc.	neut.	fem.	pl.
nom.	subject, predicate noun	heißen, sein, werden	der dieser ein mein	das dieses ein	die dieses eine	die dieses keine
acc.	direct object	durch, für, gegen, ohne, um	den diesen einen meinen	mein	meine	meine
		an, auf, hinter, in, neben, über, unter, vor, zwischen				
dat.	indirect object	aus, außer, bei, mit, nach, seit, von, zu	dem diesem einem meinem	dem diesem einem meinem	der dieser keiner meiner	den diesen keinen meinen
		antworten, danken, gefallen, gehören, helfen, zuhören				
gen.	possessive	(an)statt, trotz, während, wegen	des dieses eines meines	des dieses eines meines		der dieser einer meiner

Interrogative pronouns

nom.	wer?	was?
acc.	wen?	was?
dat.	wem?	—
gen.	wessen?	—

2. The genitive

a. Masculine and neuter nouns have endings in the genitive singular.

-es: for one-syllable nouns and nouns ending in **-s, -ss, -ß, -z, -tz, -zt** (des Kopf**es**, Hals**es**, Fluss**es**, Fuß**es**, Salz**es**, Platz**es**, Arzt**es** [physician's])

-s: for nouns of more than one syllable and proper nouns (des Onkel**s**, Tom**s** Onkel, Tom Gerber**s** Onkel)

b. *N*-nouns usually end in **(-e)n**; **der Name** is an exception (des Herr**n**, des Student**en**; BUT des Name**ns**).

V. Adjective endings

1. Preceded adjectives
Predicate adjectives and adverbs have no endings. Adjectives followed by nouns do have endings.

	masculine	neuter	feminine	plural
nom.	der neue Krimi	das neue Stück	die neue Oper	die neuen Filme
acc.	den neuen Krimi	das neue Stück	die neue Oper	die neuen Filme
dat.	dem neuen Krimi	dem neuen Stück	der neuen Oper	den neuen Filmen
gen.	des neuen Krimis	des neuen Stückes	der neuen Oper	der neuen Filme

	masculine	neuter	feminine	plural
nom.	ein neuer Krimi	ein neues Stück	eine neue Oper	
acc.	einen neuen Krimi	ein neues Stück	eine neue Oper	keine neuen Filme
dat.	einem neuen Krimi	einem neuen Stück	einer neuen Oper	keinen neuen Filmen
gen.	eines neuen Krimis	eines neuen Stückes	einer neuen Oper	keiner neuen Filme

Comparing the two tables above, you can see:

- Adjectives preceded by the definite article or any **der**-word have either an **-e** or **-en** ending.
- Adjectives preceded by the indefinite article or any **ein**-word have two different adjective endings WHENEVER **ein** HAS NO ENDING: **-er** for masculine nouns and **-es** for neuter nouns.

Otherwise the **-en** ending predominates and is used in the masculine accusative singular, all datives and genitives, and in all plurals.

after **der**-words

	masc.	neut.	fem.	pl.
nom.				
acc.		-e		
dat.				
gen.		-en		

after **ein**-words

	masc.	neut.	fem.	pl.
nom.	-er	-es	-e	
acc.		-es	-e	
dat.				
gen.		-en		

Or, to put it in another way, the endings are:

- in the nominative and ACCUSATIVE SINGULAR

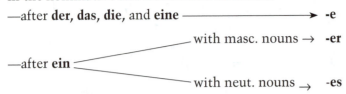

—after **der, das, die,** and **eine** ⟶ **-e**

—after **ein** ⟨ with masc. nouns → **-er**

with neut. nouns → **-es**

- in ALL OTHER CASES ⟶ **-en**

Der alt**e** Fernseher und das alt**e** Radio sind kaputt *(broken)*.
Mein alt**er** Fernseher und mein alt**es** Radio sind kaputt.

2. **Unpreceded adjectives**

a. Unpreceded adjectives have the endings that the definite article would have, if it were used.
Heiß**e** Suppe und heiß**er** Tee schmecken bei kalt**em** Wetter prima.

b. The following words are often used as unpreceded adjectives: **andere, einige, mehrere, viele,** and **wenige.**
Er hat mehrer**e** interessant**e** Theaterstücke geschrieben.

c. **Viel** and **wenig** in the singular, **mehr** and **ein paar,** numerals, some names of colors (**rosa, lila, beige**), and place names used as adjectives (**Frankfurter, Wiener, Schweizer**) have no endings.
Ich habe wenig Geld, aber viel Zeit.

VI. Sentence structure

1. **Sequence of adverbs**
If two or more adverbs or adverbial phrases occur in one sentence, they usually follow the sequence time, manner, place. The negative **nicht** usually comes after the adverbs of time but before adverbs of manner or place.

2. Summary chart

Er kann es ihm heute **nicht** mit Sicherheit *(for sure)* versprechen.

3. **Time expressions**

a. Specific time
To refer to specific time, a definite point in time, or length of time, German uses the ACCUSATIVE: **jeden Tag, nächstes Jahr, eine Woche, einen Monat.**

The following are other familiar phrases referring to specific time:
- gerade, sofort, am Abend, am 1. Mai, im Mai, in einer Viertelstunde, um zwei Uhr, von Juni bis September, vor einer Woche, Anfang / Ende April, Mitte des Monats
- vorgestern, gestern, heute, morgen, übermorgen, Montag, Dienstag, Mittwoch usw.
- früh (Morgen), Vormittag, Mittag, Nachmittag, Abend, Nacht; gestern früh, heute Morgen, morgen Vormittag, Montagnachmittag, Samstagabend usw.

b. Indefinite and nonspecific time
- To refer to an indefinite point in time, the GENITIVE is used: **eines Tages**.
- Familiar time expressions referring to nonspecific times: montags, dienstags, mittwochs usw.; morgens, mittags, abends, mittwochmorgens, donnerstagabends usw.; bald, damals, danach, manchmal, meistens, monatlich, oft, sofort, stundenlang, täglich, zuerst usw.

WORTSCHATZWIEDERHOLUNG

A. Was passt?

1. Welches Substantiv kennen Sie dazu? Nennen Sie auch den Antikel!

a. fahren _____

b. fliegen _____

c. malen _____

d. schenken _____

e. sprechen _____

f. verkaufen _____

g. freundlich _____

h. wöchentlich _____

i. sportlich _____

j. verliebt _____

2. Was ist ein Synonym dazu?

a. mit dem Auto _____

b. in 30 Minuten _____

c. beginnen _____

d. laufen _____

e. telefonieren _____

f. wunderbar _____

3. Was ist das Gegenteil davon?

a. einsteigen _____

b. gewinnen _____

c. weinen _____

d. sich anziehen _____

e. sich ärgern _____

f. sich hinsetzen _____

g. fleißig _____

h. gesund _____

i. hübsch _____

j. interessant _____

k. leicht _____

l. lustig _____

B. Was passt nicht?

1. wandern—gewinnen—spazieren gehen—laufen

2. hässlich—gemütlich—sympathisch—charmant

3. verheiratet—verschieden—ledig—geschieden

4. der Krimi—das Gemälde—das Theaterstück—der Roman

5. täglich—wöchentlich—monatlich—gewöhnlich

C. Bilden Sie eine Worttreppe mit Adjektiven!

BEISPIEL: net**t**

           temperamentvol**l**

                    lustig

STRUKTURWIEDERHOLUNG

D. Reflexivverben Variieren Sie die Sätze!

1. **Willi hält sich fit.**
   Do you (formal) keep fit? They're not keeping fit. How did she keep fit? Keep fit (3x). I'd like to keep fit. We must keep fit. We had to keep fit.

   _____

   _____

   _____

2. **Sie erkälten sich wieder.**
   We'll get a cold again. Don't catch a cold again (3x). They've caught a cold again. She doesn't want to get a cold again. We had caught a cold again. Why do you (sg. fam.) always get a cold? They always caught a cold.

   _____

   _____

   _____

   _____

E. Am Morgen Auf Deutsch bitte!

1. *You've (sg. fam.) got to get dressed.*

   _____

2. *First, I want to take a shower and wash my hair.*

   _____

3. *And you (sg. fam.) need to shave.*

   _____

4. *Why don't you (pl. fam.) hurry up?*

   _____

5. *Listen (pl. fam.) to that.*

   _____

6. *He got annoyed and sat down.*

   _____

F. Verben mit Präpositionen Bilden Sie Sätze!

BEISPIEL   schreiben
                Ich muss an meine Eltern schreiben.

1. denken   _____

2. sich freuen   _____

3. sich informieren _____

4. sich interessieren _____

5. reagieren   _____

6. sprechen   _____

7. träumen   _____

8. warten   _____

G. Infinitiv mit *zu* Bilden Sie Sätze!

1. Es ist zu spät, _____ *(to buy a present).*

2. Es ist zu spät, _____ *(to write him).*

3. Es ist zu spät, _____ *(to start a book).*

4. Es ist zu spät, _____ *(to invite all).*

5. Es ist nicht leicht, _____ *(to get up early).*

6. Es ist nicht leicht, _____ *(to always pay attention).*

7. Es ist nicht leicht, _____ *(to keep in shape).*

8. Es ist nicht leicht, _____ *(to learn a language).*

H. Sagen Sie es im Perfekt!

1. Wohin geht ihr?—Wir besuchen Onkel Willi.

_____

2. Was machst du heute?—Ich gehe schwimmen.

_____

3. Wie gefällt Ihnen das Stück?—Es ist wirklich ausgezeichnet.

_____

4. Warum beeilt sie sich so?—Die Vorstellung fängt um acht an.

_____

5. Weißt du, dass er ein sehr guter Schwimmer ist?—Nein, er spricht nicht viel von sich.

_____

_____

I. Bilden Sie Sätze im Plusquamperfekt *(past perfect)*!

1. wir / nicht / denken / damals / daran

_____

2. Daniela und Yvonne / gehen / zum Schwimmbad

_____

3. wir / sich anziehen / warm

_____

4. er / versprechen / mir / das / schon zweimal

_____

5. Auto / stehen bleiben / plötzlich

_____

6. das / sein / nicht so lustig

_____

7. aber / das / verdienen / er

_____

J. Die Trappfamilie Was fehlt?

1. Gestern Abend haben sie im zweit_____ deutsch_____ Fernsehen den bekannt_____ Film über die österreichisch_____ Familie Trapp gezeigt. 2. Erst ist es ein deutsch_____ Theaterstück gewesen und dann ist daraus ein amerikanisch_____ Film geworden. 3. Eigentlich kannte ich diesen interessant_____ Film schon aus dem amerikanisch_____ Kino. 4. Aber ich sehe mir gern amerikanisch_____ Stücke in deutsch_____ Sprache an. 5. Der ganz_____ Film spielt rings um die hübsch_____ Stadt Salzburg. 6. Am Anfang war Maria in einem alt_____ Kloster (*convent, n.*), aber sie fühlte sich bei den streng_____ (*strict*) Nonnen (*nuns, pl.*) nicht richtig_____ wohl. 7. Eines Tages schickte die verständnisvoll_____ Oberin (*mother superior*) sie zu der groß_____ Familie eines reich_____, verwitwet_____ Kapitäns. 8. Seine sieben_____ klein_____ Kinder waren anfangs nicht sehr nett_____, aber die temperamentvoll_____ Maria hatte viel_____ gut_____ Ideen, wie sie die sieben Kinder unterhalten konnte. 9. Später heiratete der verwitwet_____ Kapitän das jung_____ „Fräulein Maria". 10. Kurz nach ihrer fantastisch_____ Hochzeit kam das deutsch_____ Militär nach Österreich. 11. Weil der österreichisch_____ Kapitän nicht zur deutsch_____ Marine (*f.*) wollte, verließen (*left*) sie nach kurz_____ Zeit ihr schön_____, groß_____ Haus und flohen (*escaped*) über die hoh_____ (*high*) Berge in die neutral_____ Schweiz. 12. Heute hat die bekannt_____ Trappfamilie ein neu_____, groß_____ Haus im amerikanisch_____ Staat Vermont. 13. Wie in viel_____ der sogenannt_____ (*so-called*) wahr_____ Geschichten, ist im amerikanisch_____ Film *The Sound of Music* nicht alles wahr_____. 14. Aber es ist ein nett_____ Film mit viel_____ schön_____ Musik.

K. Ein Rendezvous Sagen Sie es im Imperfekt!

1. Sonja und Stefan gehen am Samstagabend aus. 2. Zuerst versuchen sie, Opernkarten zu bekommen, aber alle Karten sind schon ausverkauft. 3. Dann wollen sie mit einem Taxi zum Theater fahren, aber sie können kein Taxi bekommen. 4. Als sie zum Theater kommen, gibt es auch keine Karten mehr. 5. Aber in der Nähe des Theaters ist ein Kino. 6. Dort läuft ein neuer Film. 7. Der Film gefällt ihnen ausgezeichnet, weil er sehr komisch ist. 8. Das Publikum lacht oft so laut, dass man nichts hören kann. 9. Als sie aus dem Kino kommen, sehen sie plötzlich Jürgen und Barbara. 10. In einem kleinen Restaurant essen sie ein paar Würstchen und trinken dazu ein Glas Bier. 11. Dann bummeln sie gemütlich durch die Stadt nach Hause.

_____

_____

_____

_____

_____

_____

_____

_____

_____

_____

_____

_____

L. *Als, wann* **oder** *wenn*?

1. _____ das Stück zu Ende war, klatschten die Leute.

2. Weißt du, _____ die Party anfängt?

3. Könnt ihr mir die Zeitschrift geben, _____ ihr damit fertig seid?

4. _____ ich den Roman vor zwei Jahren las, gefiel er mir nicht so gut.

5. Ich muss immer an euch denken, _____ ich dieses Lied im Radio höre.

6. Er wusste auch nicht, _____ seine Nachbarn zurückkommen sollten.

M. Der Genitiv Was fehlt?

BEISPIEL   der Sender / Brief   *der Sender des Briefes*
                der Brief / Annette   *Annettes Brief*

1. das Ende / das Wort   _____

2. die Farbe / unser Auto   _____

3. der Sohn / mein Onkel   _____

4. der Eingang / euer Haus   _____

5. der Name / der Komponist   _____

6. der Wunsch / alle Kinder   _____

7. die Taschen / manche Frauen   _____

8. die Musik / Beethoven   _____

9. das Stück / Bertolt Brecht   _____

10. die Märchen / Brüder Grimm   _____

N. *Wo-* und *da-*Komposita

1. **Kombinieren Sie!**

   BEISPIEL   mit   *Womit? Damit!*

   auf _____   durch _____

   in _____   über _____

   an _____   vor _____

   zu _____   bei _____

   für _____

2. **Was fehlt?**

   a. _____ denkst du? _____ Reise. *(of what, of my)*

   b. _____ spricht Professor Schulz heute? _____ spannenden Buch.
   (about what, about a)

   c. _____ hast du geträumt? _____ Ferien. *(about what, about my)*

   d. _____ wartest du? _____ Brief von Paul. Warte nicht
   _____! *(for what, for a, for that)*

   e. Trudi erzählt immer gern _____ Partys. _____ hat sie gerade
   erzählt. *(about her, about that)*

   f. Hast du schon _____ Eltern geschrieben? Ja, ich habe am Wochenende
   _____ geschrieben. *(to your, to them)*

   g. Er hat sich _____ Brief geärgert. _____ ärgert er sich nicht?
   (about the, about what)

   h. Interessiert Jürgen sich _____ Sport? Nein, _____ interessiert
   er sich nicht. *(in, in that)*

   i. Interessiert Jürgen sich _____ Sabine? Nein, er interessiert sich nicht
   _____ . *(in, in her)*

O. Wann und wie lange?

1. Er fährt **morgen.**
   the day after tomorrow; after supper; Sundays; tomorrow morning at 4:30; in 15 minutes;
   Monday morning; on Tuesday; in February; on the weekend; in the evening; in the fall;
   most of the time; sometimes; each year; now; never; one day

   _____

   _____

   _____

   _____

2. Er bleibt **zwei Tage.**
   from March to May; until Wednesday; until Friday afternoon; until 10:45; for months;
   (for) one day

   _____

   _____

P. Damals zu DDR-Zeiten Erweitern Sie *(expand)* die Sätze mit den Wörtern in Klammern!

BEISPIEL   Damals ging Renate zur Musikschule in Dresden. (ein paar Jahre)
Damals ging Renate ein paar Jahre zur Musikschule in Dresden.

1. Ihre Eltern lebten in der Nähe von Riesa. (jahrelang)

_____

2. Renate hat in einem Schülerheim in Dresden gewohnt. (mit anderen Mädchen)

_____

3. Am Wochenende konnte sie einfach nach Hause fahren. (nicht)

_____

4. Sie hatte keine Zeit, mit der Bahn zu fahren. (stundenlang)

_____

5. Dafür ist sie während der Ferien zu Hause geblieben. (gewöhnlich)

_____

6. Ihre Schule soll leicht gewesen sein. (nicht)

_____

7. Sie musste jeden Tag arbeiten. (schwer)

_____

8. Manchmal hat sie stundenlang Klavier gespielt. (mit ihrer Freundin)

_____

_____

9. Renate hatte sich für klassische Musik interessiert. (schon immer)

_____

_____

10. Wir haben uns eines Tages kennengelernt. (bei einem Musikwettbewerb in Weimar)

_____

_____

Q. Was fehlt?

1. Vorgestern haben wir fast den ganz_____ Abend vor unserem neu_____ Fernseher gesessen.
2. Um 18.20 Uhr gab es einen interessant_____ Bericht über das alt_____ Frankfurt mit seinen
viel_____ klein_____ Gassen *(streets)* und hübsch_____ Häusern, so wie es einmal war und was
man jetzt damit gemacht hat. 3. Nach den kurz_____ Nachrichten um 19.00 Uhr sahen wir
eine international_____ Show mit gut_____ Musikgruppen aus verschieden_____ Ländern.
4. Dazu gehörte auch ein toll_____ Orchester und ein groß_____ Chor. 5. Nach dieser nett_____
Unterhaltung haben wir zum dritt_____ Programm gewechselt und uns eine komisch_____
Oper von dem italienisch_____ Komponisten Rossini angesehen. 6. Eine ausgezeichnet_____
Vorstellung! 7. Ein gut_____ Fernseher ist etwas Schönes, denn man kann sich manche gut_____
Sendung gemütlich zu Hause ansehen.

R. Was stimmt?

1. Sie sitzen _____.
   a. vor dem Fernseher faul meistens
   b. meistens faul vor dem Fernseher
   c. faul meistens vor dem Fernseher

2. Er fährt _____.
   a. mit dem Zug morgens zur Arbeit
   b. zur Arbeit mit dem Zug morgens
   c. morgens mit dem Zug zur Arbeit

3. _____ Buch ist das?
   a. Wer   b. Was   c. Wem   d. Wessen

4. Wie gefällt dir das Haus _____?
   a. unser Nachbar
   b. unserem Nachbarn
   c. unseren Nachbarn
   d. unserer Nachbarn

5. Gestern Abend sind wir in ein nettes Restaurant _____.
   a. gewesen   b. gegessen   c. gegangen   d. geblieben

6. Heute früh sind wir zu spät _____.
   a. aufgestanden   b. eingeschlafen   c. übernachtet   d. angefangen

7. Wir haben Freunde zu einer Party _____.
   a. geschehen   b. versprochen   c. versucht   d. eingeladen

8. _____ Peter schon nach Hause gekommen?
   a. Hat   b. Ist

9. Meine Eltern _____ gestern nach München gefahren.
   a. haben   b. sind

10. _____ ihr schon Zimmer reserviert?
    a. Habt   b. Seid

11. _____ du dir schon die Zähne geputzt?
    a. Hast   b. Bist

12. Er ist wirklich _____ Mensch.
    a. ein netter   b. einen netten   c. eines netten   d. einem netten

13. Diese Schauspielerin hat _____ Haare.
    a. schönes rotes   b. schöne rote   c. schönen roten   d. schön rot

14. Nehmen Sie die Gabel in _____ Hand!
    a. der linken   b. die linke   c. das linke   d. die linken

15. Eva hat _____ Zimmer.
    a. einen hübschen   b. eine hübsche   c. ein hübsches   d. eines hübschen

16. Wegen _____ Wetters sind wir zu Hause geblieben.
    a. das heiße   b. des heißen   c. dem heißen   d. der heißen

17. Kinder, wascht _____ die Hände!
    a. sich   b. ihre   c. ihr   d. euch

18. Ich möchte _____ ein Fahrrad kaufen.
    a. mir   b. mich

19. Ich muss _____ ein paar Minuten hinlegen.
    a. mir   b. mich

20. Wir haben uns _____ die schlechte Vorstellung geärgert.
    a. von   b. über   c. an   d. auf

21. Die Studenten freuen sich schon sehr _____ ihre Ferien.
    a. von   b. für   c. an   d. auf

22. _____ interessiert er sich?
    a. Worauf   b. Worüber   c. Wofür   d. Wovon

23. Wir _____ in Frankfurt um.
    a. steigt   b. stieg   c. steigen   d. gestiegen

24. Das Buch _____ auf der Kommode.
    a. legt   b. legte   c. lag   d. gelegen

25. Ich _____ das Buch letzten Sommer.
    a. lass   b. las   c. ließ   d. lässt

26. Hast du an die Karten _____?
    a. gedankt   b. gedacht   c. denken

27. Ich weiß auch nicht, _____ der Bus abfährt.
    a. wenn   b. wann   c. als

28. _____ wir in Österreich waren, sind wir viel Skilaufen gegangen.
    a. Wenn   b. Wann   c. Als

29. Er ist meistens sehr müde, _____ er nach Hause kommt.
    a. wenn   b. wann   c. als

30. Es ist leicht, auf einer Reise viel Geld _____.
    a. ausgeben   b. ausgegeben   c. auszugeben

S. Auf Deutsch bitte!

1. *Kurt, what are you thinking of?—Of my vacation.*

   _____

2. *I'd like to hike in the mountains with Karl.*

   _____

3. *I've written to him, and now I'm waiting for his letter.*

   _____

4. *For that you can wait a long time.*

   _____

5. *When he says yes, it doesn't mean much.*

   _____

6. *Two years ago, it was the same* (**genauso**). *(pres. perf.)*

   _____

7. *When you had bought the tickets, he suddenly got ill.*

   _____

8. *He had caught a cold again.*

   _____

9. *If you'd like, I'll come along.*

   _____

10. *Do you feel like hiking in the mountains?—I'd like to.*

_____

11. *When can we go?—On the first day of (the) vacation.*

_____

12. *How are we going?—By train.*

_____

13. *Where will we spend the nights?—In inexpensive youth hostels.*

_____

14. *Can you bring along your father's camera* (**die Kamera**)*?*

_____

15. *No, his camera is too expensive; it can break* (**kaputt gehen**)*.*

_____

16. *Maybe I'll take Susi's camera. Her camera is good, too.*

_____

_____

Morgen, morgen, nur nicht heute, sagen alle faulen Leute.

Tomorrow, tomorrow, not today, all the lazy people say.

Zum Hören

GESPRÄCH

A. Weißt du, was du einmal werden willst? Hören Sie zuerst gut zu. Hören Sie sich dann das Gespräch ein zweites Mal an und wiederholen Sie jeden Satz!

KATJA	Sag mal Elke, weißt du schon, was du werden willst?
ELKE	Ja, ich will Tischlerin werden.
KATJA	Ist das nicht viel Schwerarbeit?
ELKE	Ach, daran gewöhnt man sich. Ich möchte mich vielleicht mal selbstständig machen.
KATJA	Das sind aber große Pläne!
ELKE	Warum nicht? Ich habe keine Lust, immer nur im Büro zu sitzen und für andere Leute zu arbeiten.
KATJA	Und wo willst du dich um eine Lehrstelle bewerben?
ELKE	Überhaupt kein Problem. Meine Tante hat ihre eigene Firma und hat mir schon einen Platz angeboten.
KATJA	Da hast du aber Glück.
ELKE	Und wie ist es denn mit dir? Weißt du, was du machen willst?
KATJA	Vielleicht werde ich Zahnärztin. Gute Zahnärzte braucht man immer und außerdem verdient man sehr gut.
ELKE	Das stimmt, aber das dauert doch so lange.
KATJA	Ich weiß, aber ich freue mich trotzdem schon darauf.

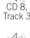

Lesen Sie jetzt Elkes Rolle! Beginnen Sie!

B. Fragen Antworten Sie ganz kurz auf Deutsch!

1. _____

2. _____

3. _____

AUSSPRACHE: b, d, g ◀◀ Als weitere mündliche Übung lesen Sie *Zur Aussprache* vorne im *Arbeitsbuch*, Teil III, Beispiel 3.

Laute Hören Sie zu und wiederholen Sie!

1. [p] O**b**st, Her**b**st, Er**b**se, hü**b**sch, o**b**, hal**b**, gel**b**
   BUT [p / b] verlie**b**t / verlie**b**en; blei**b**t / blei**b**en; ha**b**t / ha**b**en
2. [t] un**d**, gesun**d**, anstrengen**d**, Gel**d**, Han**d**, sin**d**
   BUT [t / d] Freun**d** / Freun**d**e; Ba**d** / Bä**d**er; Kin**d** / Kin**d**er; wir**d** / wer**d**en
3. [k] Ta**g**, Zu**g**, We**g**, Bahnstei**g**, Flu**g**zeu**g**, Ber**g**
   BUT [k / g] fra**g**st / fra**g**en; flie**g**st / flie**g**en; trä**g**st / tra**g**en; le**g**st / le**g**en

STRUKTUR

12.1 The comparison of adjectives and adverbs

CD 8, Track 6

A. Lang, länger, am längsten Nennen Sie den Komparativ und den Superlativ!

lang
länger, am längsten

....

CD 8, Track 7

B. Das Gleiche *(same)* **oder besser** Ersetzen Sie das Adjektiv!

1. Bärbel ist so sportlich wie Ulrike. (musikalisch)
   Bärbel ist so musikalisch wie Ulrike.

   ....

2. Meikes Wohnung ist größer als meine Wohnung. (ruhig)
   Meikes Wohnung ist ruhiger als meine Wohnung.

   ....

3. Dieses Stück wird immer besser. (bekannt)
   Dieses Stück wird immer bekannter.

   ....

4. Das ist das beste Geschäft. (groß)
   Das ist das größte Geschäft.

   ....

5. Dieser Film war am lustigsten. (gut)
   Dieser Film war am besten.

   ....

12.2 The future tense

CD 8, Track 8

C. Was wird passieren? Ersetzen Sie das Subjekt!

1. Wir werden ihn anrufen. (du)
   Du wirst ihn anrufen. Beginnen Sie!

   ....

2. Ich werde mich beeilen. (ihr)
   Ihr werdet euch beeilen.

   ....

3. Wird er kommen können? (Jutta und Sebastian)
   Werden Jutta und Sebastian kommen können?

   ....

CD 8, Track 9

D. Semesterferien Was machen Sie?

Ich arbeite in einem Büro.
Ich werde in einem Büro arbeiten.

....

DISKUSSION

CD 8, Tracks 10-14

Die Berufswahl

....

DIKTAT

CD 8,
Track 15

Hören Sie zu und schreiben Sie, was Sie hören!

1. _____
   _____

2. _____
   _____

3. _____
   _____

4. _____
   _____

5. _____

VERSTEHEN SIE?

CD 8,
Track 16

Was bin ich? Hören Sie gut zu! Was sind diese
Leute und wo arbeiten sie?
....

Was bin ich und wo arbeite ich?

a. Krankenschwester	g. in der Schule
b. Wissenschaftler	h. im Supermarkt
c. Polizist	i. im Krankenhaus *(hospital)*
d. Rechtsanwalt	j. zu Hause
e. Verkäufer	k. auf der Straße
f. Lehrer	l. an der Universität

1. Sie *(you)* sind _____ und arbeiten _____.
2. Sie *(you)* sind _____ und arbeiten _____.
3. Sie *(you)* sind _____ und arbeiten _____.

Video-Interviews

ZUM THEMA: „Was tun Sie beruflich und wie sieht Ihr Tagesablauf aus?"

Zum Erkennen: beruflich *(professionally)*; der Tagesablauf *(daily routine)*;
die Fluggesellschaft, -en *(airline company)*; seitdem *(since then)*; vor·haben
(to have plans); andererseits *(on the other hand)*; um·setzen *(to implement)*;
der Berater, - *(adviser)*; das Ziel, -e *(goal)*; lehren *(to teach)*; die Agentur, -en
(agency); der Heimtrainer, - *(exercise machine)*; anschließend *(afterwards)*;
unterbrochen *(interrupted)*; die Pause, -n *(break)*; die Kantine, -n *(cafeteria)*;
sich beschäftigen mit *(to be occupied with)*

Lutz Krebs

A. Was wissen wir jetzt über sie? Antworten Sie ganz kurz!

1. Was ist Herr Krebs von Beruf? _____

2. Wo arbeitet er und was tut er da? _____

3. Wie lange hat er studiert? _____

4. Wohin möchte Frau Lang eines Tages gehen? _____

5. Wie weit ist sie mit ihrer Berufsausbildung? _____

6. Was für genaue Pläne hat sie für ihre Zukunft? _____

7. In welchem Bereich möchte Frau Wöllert eines Tages mal arbeiten? _____

8. Ist sie schon mit ihrem Studium fertig? _____

9. Wofür interessiert sich Herr Schmetke? _____

10. Was möchte er am liebsten werden? _____

11. Wissen wir, wie lange er noch studieren muss? _____

12. Für wen arbeitet Frau Passaro? _____

13. Mit welchen Ländern hat sie oft zu tun? _____

14. Womit beginnt Herr Krebs gewöhnlich seinen Tag? _____

15. Was tut er danach? _____

16. Wie kommt er zur Arbeit? _____

17. Wohin geht er in der Mittagspause? _____

18. Wer wartet abends auf ihn, wenn er von der Arbeit zurückkommt? _____

19. Was tun sie dann gemeinsam? _____

20. Woran setzt er sich abends auch oft? _____

B. Jetzt sind Sie dran! Wie beantworten SIE die Frage des Reporters? Schreiben Sie in sechs bis acht Sätzen, was Sie beruflich tun oder tun möchten! Wie sieht Ihr Tagesablauf aussieht! Was tun Sie gern abends, bevor Sie schlafen gehen?

Zum Schreiben

A. Erweitern Sie Ihren Wortschatz! Bilden Sie Substantive!

> Many nouns are derived from adjectives. Feminine nouns are often characterized by such suffixes as **-e**, **-heit**, and **-keit**.

1. BEISPIEL lang (ä) *die Länge*

   a. kurz (ü) _____ *shortness, brevity*

   b. warm (ä) _____ *warmth*

   c. kalt (ä) _____ *cold*

   d. nah (ä) _____ *nearness, vicinity*

   e. weit _____ *expanse, distance*

   f. groß (ö) _____ *size*

2. BEISPIEL frei *die Freiheit*

   a. sicher _____ *safety, certainty*

   b. dumm _____ *stupidity*

   c. gesund _____ *health*

   d. krank _____ *sickness*

   e. schön _____ *beauty*

   f. faul _____ *laziness*

3. BEISPIEL wichtig *die Wichtigkeit*

   a. gemütlich _____ *coziness*

   b. möglich _____ *possibility*

   c. ehrlich _____ *honesty*

   d. vielseitig _____ *versatility*

   e. traurig _____ *sadness*

   f. zärtlich _____ *affection*

B. Welche Definition gehört zu welchem Wort? Nicht alle Wörter passen!

a. Architekten	e. Ingenieure	i. Polizisten
b. Ärzte	f. Journalisten	j. Rechtsanwälte
c. Geschäftsleute	g. Künstler	k. Reiseleiter
d. Hausmänner	h. Lehrer	l. Wissenschaftler

_____ 1. Sie arbeiten im technischen Bereich und haben dafür auch lange studiert.

_____ 2. Sie arbeiten zu Hause, wenn die Frau zur Arbeit geht.

_____ 3. Sie findet man an allen Schulen.

_____ 4. Sie helfen Ihnen, wenn Sie ein Haus bauen wollen.

_____ 5. Sie helfen Ihnen, wenn Sie rechtliche *(legal)* Fragen haben.

_____ 6. Sie helfen kranken Leuten.

_____ 7. Sie malen Gemälde oder machen Skulpturen.

_____ 8. Sie passen auf, dass Sie nicht zu schnell fahren oder falsch parken.

_____ 9. Sie schreiben Artikel und berichten für Zeitungen und das Fernsehen.

_____ 10. Sie verdienen ihr Geld mit Geschäften.

C. Auf Deutsch bitte! Nennen Sie auch den Plural der Substantive!

1. *to apply for* _____

2. *to believe in* _____

3. *to explain* _____

4. *to get used to* _____

5. *to imagine* _____

6. *advice* _____

7. *decision* _____

8. *experience* _____

9. *internship* _____

10. *office* _____

D. Brief: Fragen an den Onkel Ergänzen Sie die Lücken *(fill in the blanks)* mit den richtigen Adjektivformen: Positiv, Komparativ oder Superlativ!

Lieber Onkel Alfred!

Gerade hat man mich aus Berlin angerufen. Ich kann auch dort eine Stelle als Journalistin haben. Du weißt ja schon, dass ich in Hamburg eine Möglichkeit habe. Was soll ich tun?

Beruflich ist eine Stadt so _____ (1) wie die andere. Die Pressestadt Hamburg
     interessant

hat einige der _____ (2) Zeitungen und Zeitschriften Deutschlands. Hamburg ist der
   groß

_____ (3) deutsche Hafen *(port)*. Nach Hamburg kommen Geschäftsleute aus allen
wichtig

Teilen der Welt. Berlin ist für mich als Journalistin schon faszinierend. Da erlebt man Geschichte

aus erster Hand. Berlin ist wirklich eine der _____ (4) Städte der Welt. Finanziell ist
     interessant

Hamburg für mich _____ (5). Ich werde dort _____ (6) verdienen als in Berlin.
   schlecht   *wenig*

Berlin wird vielleicht _____ (7) sein. Von Hamburg ist die Fahrt zu den Eltern nach
    teuer

Bremen _____ (8) und _____ (9). Man kann _____ (10) mal nach
  kurz   *billig*   *schnell*

Hause fahren. Auch ist Hannover _____ (11). Da arbeitet, wie du weißt, mein Freund
      nah

Sascha.

Vor ein paar Wochen bin ich in beiden Städten gewesen und ich finde es nicht leicht

zu sagen, welche Stadt mir _____ (12) gefallen hat. Das Klima in Berlin soll das
     gut

_____ (13) in Deutschland sein und das Kulturleben am _____ (14).
gesund   *vielseitig*

Das Wetter in Hamburg ist bestimmt das _____ (15), aber Hamburg hat die

furchtbar

„_____ (16), _____ (17) und _____ (18) Oper in Deutschland",

groß   *alt*   *teuer*

wie man hier sagt. Die Menschen in Berlin fand ich _____ (19), _____ (20) und

offen   *freundlich*

_____ (21) als in Hamburg und nicht so reserviert. Ich weiß wirklich nicht, wo ich

gemütlich

_____ (22) wohnen und arbeiten möchte. Lass mich doch mal wissen, was du denkst!

gern

Viele Grüße!

Deine Lea

E. **Brief: Die Antwort des Onkels** Wiederholen Sie die Sätze in der Zukunft, aber nur da, wo es sinnvoll *(meaningful)* ist!

Liebe Lea,

An das Wetter gewöhnst du dich, in Hamburg sowie in Berlin. Als Journalistin hast du in beiden Städten ein interessantes Leben und an Kultur fehlt es nicht. So, wie ich dich kenne, langweilst du dich nie. Wenn Sascha mitkommt, muss er sich eine neue Arbeit suchen. Das ist nicht so leicht. Er ist schon älter und da gibt es nicht so viele gute Stellen. Er muss geduldig sein. Irgendwie geht es immer wieder weiter. Was immer ihr tut, ich bin sicher, dass ihr überall glücklich seid. Du findest bestimmt relativ schnell wieder Freunde und die Arbeit macht dir hier und da Spaß. Nun, ich drücke dir die Daumen *(keep my fingers crossed)*, dass man dir ein gutes Angebot macht. Dann weißt du genau, was du tust. Ich warte auf deine Entscheidung. Natürlich besuche ich dich dann dort.

Alles Liebe,

Dein Onkel Alfred

_____

_____

_____

_____

_____

_____

_____

_____

_____

_____

_____

_____

_____

F. Wie weit ist es von . . . nach . . . ? Schauen Sie sich die Tabelle an und ziehen Sie fünf bis sechs Vergleiche *(make comparisons)* zwischen den verschiedenen Städten und ihrer Distanz zueinander *(to each other)*!

	Dresden	Erfurt	Frankfurt/M	Hamburg	Köln	München	Schwerin	Stuttgart
Aachen	651	446	240	354	60	650	590	408
Berlin	214	288	564	279	553	596	200	631
Bremen	478	351	450	110	315	766	228	645
Cottbus	138	320	585	430	683	596	359	631

BEISPIEL   *Von Berlin nach Erfurt ist es weiter als von Berlin nach Hamburg.*
            Hamburg ist näher als Erfurt.

_____

_____

_____

_____

_____

_____

G. Im Wartezimmer Ergänzen Sie die substantivierten Adjektive!

1. Momentan sind viele Leute krank und in Dr. Zieglers Wartezimmer gibt es heute

   viele _____.

2. Frau Jürgens ist in einem Restaurant angestellt. Kranke _____ sind
   da nicht erwünscht.

3. Susan ist mit Sven verlobt. Sie hat Ihren _____ schnell zum Arzt gefahren.

4. Holger ist arbeitslos. Als _____ macht er sich Sorgen um die Zukunft.

5. Don kennt die Frau neben ihm. Sie ist eine _____ von der Arbeit.

6. Dr. Zieglers Patienten sind nicht nur aus Deutschland, sondern kommen aus

   verschiedenen Ländern. Alle mögen ihn, die _____ und auch die
   Ausländer.

7. Sie finden es gut, dass er sich immer Zeit für sie nimmt. Das ist das _____
   an ihm.

H. Berufspläne Auf Deutsch bitte!

1. *Children, I have to tell you something.*

   _____

   _____

2. *Your mother wants to be a lawyer.*

   _____

   _____

3. *I'll have to stay home.*

   _____

   _____

5. *Lena, you will do the laundry* **(die Wäsche waschen).**

   _____

   _____

6. *Jan and Maria, you will (do the) clean(ing).*

   _____

   _____

7. *We'll (do the) shop(ping) together.*

   _____

   _____

8. *We'll have to work hard, but we'll get used to it.*

   _____

   _____

9. *One day, your mother will make a lot of money (earn well).*

   _____

   _____

10. *We will help her with her new professional plans.*

    _____

    _____

Name _____ Datum _____ Kurs _____

I. Das Klassentreffen *(Class reunion)*

JAHRE DANACH...

Axel lädt uns alle ein:
Am 17. Juni, abends ab acht auf
Simons Hof, sind alle gespannt
auf DEINE Erlebnisse der letzten
fünf Jahre und freuen sich auf
ein Wiedersehen.

Mit dabei und Open-Air:
die Abi-Band und
Deine ehemalige Jahrgangsstufe.

Salate, Chips usw. fürs Büffet erwünscht • Kann ich jemand mitbringen?
Ja bitte! • Der Pool ist geöffnet • Wer nachts nicht mehr nach Hause will,
kann sein Zelt mitbringen (bitte vorher aufstellen) • Wo genau? Tulpen Straße 4,
49492 Westerkappeln • Bitte schreiben oder anrufen, damit wir wissen, wer kommt:
Telefon 0241-2869890 (Axel) oder Abi01GAG@gdx.de

1. **Die Abi(tur)klasse 2001** Lesen Sie die Einladung zum Treffen dieser ehemaligen
   Jahrgangsstufe *(former class of . . .)* und ergänzen Sie die Sätze!

a. Das Treffen ist am _____ auf _____ (Bauern)hof. b. Dieser Hof ist in

_____ in der _____. c. Man freut sich auf ein _____. d. Sicher gibt es

nach so langer Zeit viel zu _____. e. Die Gäste sollen _____ oder _____

mitbringen. f. Wenn sie wollen, können sie auch _____ mitbringen. g. Wenn man

_____ nicht wieder nach Hause fahren will, kann man dort auch in einem Zelt *(tent)*

_____. h. Das muss man aber _____ und vorher *(ahead of time)* _____.

i. Zur Unterhaltung gibt es _____ und _____. j. Axel _____ alle ganz

herzlich ein, aber er möchte natürlich _____, ob man kommt oder nicht. k. Darum soll

man ihm _____ oder ihn _____. l. Seine _____ und E-Mail- _____

sieht man _____ auf der Einladung. m. Das ist eine _____ Einladung zu einer

_____ Party.

2. **Meine Abschlussklasse** Schreiben Sie einen kleinen Zeitungsartikel über Ihr eigenes
   Klassentreffen oder über ein fiktives Klassentreffen! Wann und wo hat man sich getroffen?
   Wie war das? Fanden Sie, dass sich die Leute verändert *(changed)* hatten? Werden Sie das
   nächste Mal wieder hingehen. Warum (nicht)?

Zum Hören

GESPRÄCHE

CD 8,
Track 17

A. Bei der Immatrikulation Hören Sie gut zu und wiederholen Sie!

PETRA   Hallo, John! Wie geht's?
JOHN   Ganz gut. Und dir?
PETRA   Ach, ich kann nicht klagen. Was machst du denn da?
JOHN   Ich muss noch Immatrikulationsformulare ausfüllen.
PETRA   Soll ich dir helfen?
JOHN   Wenn du Zeit hast. Ich kämpfe immer mit der Bürokratie.
PETRA   Hast du deinen Pass dabei?
JOHN   Nein, wieso?
PETRA   Darin ist deine Aufenthaltserlaubnis; die brauchst du unbedingt.
JOHN   Ich kann ihn ja schnell holen.
PETRA   Tu das! Ich warte hier so lange auf dich.

CD 8,
Track 18

B. Etwas später Hören Sie!

JOHN   Hier ist mein Pass. Ich muss mich jetzt auch bald entscheiden, welche Seminare ich belegen will. Kannst du mir da auch helfen?
PETRA   Na klar. Was studierst du denn?
JOHN   Mein Hauptfach ist moderne Geschichte. Ich möchte Seminare über deutsche Geschichte und Literatur belegen.
PETRA   Hier ist mein Vorlesungsverzeichnis. Mal sehen, was sie dieses Semester anbieten.

CD 8,
Track 19

Lesen Sie jetzt Petras Rolle! Beginnen wir!

C. Richtig oder falsch? Sie hören fünf Sätze. Stimmt das?

CD 8,
Track 20

1. richtig   falsch
2. richtig   falsch
3. richtig   falsch
4. richtig   falsch
5. richtig   falsch

AUSSPRACHE s, ss, ß, st, sp ◄◄ Als weitere mündliche Übung lesen Sie *Zur Aussprache* vorne im *Arbeitsbuch*, Teil III, Beispiele 6 und 12.

CD 8,
Track 21

Laute Hören Sie zu und wiederholen Sie!

1. [z] sauber, sicher, Semester, Seminar, Pause
2. [s] Ausweis, Kurs, Professor, wissen, lassen, fleißig, Fuß, Grüße
3. [št] Studium, Stipendium, Stelle, studieren, bestehen, anstrengend
4. [st] zuerst, meistens, desto, Komponist, Künstler
5. [šp] Spiel, Sport, Spaß, Sprache, Beispiel, spät

STRUKTUR

13.1 The present-time subjunctive

A. *Hätten* und *wären* Ersetzen Sie das Subjekt!

1. Da hätte ich ein gutes Einkommen. (du)
   Da hättest du ein gutes Einkommen.

   ....

2. Dann wären sie selbstständig. (ihr)
   Dann wäret ihr selbstständig.

   ....

3. Sie würden ein Praktikum machen. (er)
   Er würde ein Praktikum machen.

   ....

B. Was ich machen würde Sagen Sie die Sätze im Konjunktiv!

1. Ich fahre in die Stadt.
   Ich würde in die Stadt fahren.

   ....

2. Es ist zu schwierig.
   Es wäre zu schwierig.

   ....

C. Wenn nur . . . ! Ersetzen Sie das Verb!

1. Wenn er etwas lernte, . . . (fleißiger arbeiten)
   Wenn er fleißiger arbeitete, . . .

   ....

2. Wenn du kommen könntest, . . . (reisen wollen)
   Wenn du reisen wolltest, . . .

   ....

D. Was würden Sie tun, wenn Sie Zeit hätten? Sagen Sie ganze Sätze!

Wenn ich Zeit hätte, würde ich eine Reise machen. (mitkommen)
Wenn ich Zeit hätte, würde ich mitkommen.

....

13.2 The past-time general subjunctive

E. Was wir gemacht hätten Ersetzen Sie das Subjekt!

1. Ich hätte das nicht getan. (wir)
   Wir hätten das nicht getan.

   ....

2. Sie wäre weitergefahren. (ihr)
   Ihr wäret weitergefahren.

   ....

3. Wir hätten dort wohnen können. (er)
   Er hätte dort wohnen können.

   ....

F. Wenn ich Zeit gehabt hätte, . . . Ersetzen Sie das Verb!

Wenn ich Zeit gehabt hätte, . . . (zu Fuß gehen)
Wenn ich zu Fuß gegangen wäre, . . .

....

DIALOG

🔊
CD 8,
Track 28

Ein Jahr drüben wäre super!

....

DIKTAT

🔊
CD 8,
Track 29

Hören Sie zu und schreiben Sie, was Sie hören!

1. _____

_____

2. _____

_____

3. _____

_____

4. _____

_____

5. _____

_____

VERSTEHEN SIE?

🔊
CD 8,
Track 30

Können Sie schweigen? Hören Sie sich die Geschichte an!

Zum Erkennen: eine Weile *(for a while)*; schweigen *(to keep a secret)*

....

🔊
CD 8,
Track 31

Was ist richtig?

1. a. In der Mensa.
   b. Im Hörsaal.
   c. In der Bibliothek.

2. a. Über den Kurs.
   b. Über die Noten.
   c. Über ein Referat.

3. a. Dass ein Autor besonders interessant war.
   b. Dass die Gruppe so klein war.
   c. Dass der Kurs nicht so spät am Tag war.

4. a. Was der Professor diesen Sommer machen würde.
   b. Was für Fragen auf der Prüfung wären.
   c. Ob sie eine gute Note bekäme.

5. a. Nein, er sagte es ihr nicht.
   b. Ja, aber sie musste versprechen, dass sie schweigen würde.
   c. Er hat ihr ein paar Tipps gegeben.

Video-Interviews

ZUM THEMA: „Was studieren Sie oder haben Sie studiert?"

Zum Erkennen: die Publizistik *(mass communications)*; die Kommunikationswissenschaft *(communication science)*; der Studiengang, ¨e *(course of study)*; der Vorlesungssaal, -säle *(lecture hall)*; die Romanistik *(study of Romance languages)*; die Hochschule, -n *(university)*; inzwischen *(in the meantime)*; die Medienwissenschaft, -en *(media science)*; der Magister, - *(M.A.)*; abgeschlossen *(finished)*

Sandra Passaro

A. Richtig oder falsch?

_____ 1. Frau Wöllert studiert an der Freien Universität in Berlin.

_____ 2. Sie studiert Anglistik.

_____ 3. Herr Zelmisi studiert Kommunikationswissenschaft.

_____ 4. Das hat mit Telefonieren und Computern zu tun.

_____ 5. Dieser Studiengang ist ganz neu.

_____ 6. Darum sind die Hörsäle nicht ganz so voll.

_____ 7. Herr Zelmisi glaubt, dass er während des Studiums alles lernt, was er braucht.

_____ 8. Den Rest hofft er duch Praktika zu lernen.

_____ 9. Frau Siegmund war Studentin an der Humboldt Universität.

_____ 10. Sie hat Mathematik studiert.

_____ 11. Das Studium dauerte ungefähr drei Jahre.

_____ 12. Am Ende des Studiums bekam sie ihren Doktor.

_____ 13. In ihrem Studium hat sie auch viel über Biologie und Chemie gelernt.

_____ 14. Sie fand ihr Studium sehr interessant.

_____ 15. Rasi ist auch mit dem Studium fertig.

_____ 16. Er hat Germanistik und Romanistik studiert.

_____ 17. Herr Schmetke ist Student an der Filmhochschule in Potsdam.

_____ 18. Es soll eine der wichtigstens Filmhochschulen in Deutschland sein.

_____ 19. Frau Passaro studierte Germanistik und Medienwissenschaft.

_____ 20. Sie hat noch vier Semster zu studieren, bevor sie ihren Magister bekommt.

B. Jetzt sind Sie dran! Wie beantworten SIE die Frage des Reporters? Schreiben Sie in sechs bis acht Sätzen, was Sie studieren oder studiert haben? Was möchten Sie eines Tages damit tun? Wo würden Sie gern leben und arbeiten? Warum?

Zum Schreiben

A. Erweitern Sie Ihren Wortschatz!

Among the most common nouns derived from verbs are nouns ending in **-er** and **-ung.** The nouns ending in **-er** are all masculine. Feminine nouns can be derived from them by adding **-in** (**verkaufen: der Verkäufer, <u>die</u> Verkäufer<u>in</u>**). All nouns ending in **-ung** are feminine.

1. **Wer ist das?** Nennen Sie das Substantiv! Was bedeutet es auf Englisch?

   BEISPIEL   malen

   der Maler   *painter*

   a. bewerben   _____   _____

   b. denken   _____   _____

   c. erzählen   _____   _____

   d. faulenzen   _____   _____

   e. hören   _____   _____

   f. lesen   _____   _____

   g. sprechen   _____   _____

   h. teilnehmen   _____   _____

   i. träumen   _____   _____

2. **Was ist das?** Nennen Sie das Substantiv! Was bedeutet es auf Englisch?

   BEISPIEL   erkälten

   die Erkältung   *cold*

   a. bedeuten   _____   _____

   b. bestellen   _____   _____

   c. bezahlen   _____   _____

   d. besichtigen   _____   _____

   e. einladen   _____   _____

   f. empfehlen   _____   _____

   g. entscheiden   _____   _____

   h. prüfen   _____   _____

   i. teilen   _____   _____

B. Die Schulzeit und das Studium Was fehlt?

1. Kinder, die *(who)* zur Schule gehen, nennt man Schüler. Wenn sie später zur _____

   gehen, nennt man sie Studenten.

2. Schüler sitzen gewöhnlich in einer Klasse. Studenten sitzen viel im _____, wo sie

   sich _____ anhören.

3. In Seminaren müssen sie oft ein _____ halten oder auch eine

_____ schreiben.

4. Wie überall gibt es natürlich auch _____ und _____.

5. In den Naturwissenschaften müssen die Studenten oft im _____ arbeiten.

6. Am Ende des _____ und der bestandenen Prüfung bekommt man gewöhnlich

einen _____.

7. Am Ende des _____ folgt dann zum Abschluss ein großes Examen.

8. Viele Studenten haben _____ vor dieser großen Prüfung, denn sie ist nicht

_____.

9. Wer bei der Prüfung _____, muss sie sie noch mal wiederholen.

10. Das macht keinen _____!

C. Auf Deutsch bitte!

1. *difficult* _____ 6. *if I were you (3x)* _____

2. *foreign* _____ 7. *in any case* _____

3. *anyhow* _____ 8. *(in) this way* _____

4. *for sure* _____ 9. *probably* _____

5. *How come?* _____ 10. *therefore* _____

D. Verbformen Ergänzen Sie das Imperfekt oder den Konjunktiv *(here: Subjunctive II)*!

Infinitiv	Imperfekt	Konjunktiv
1. bleiben	blieb	bliebe
2. bringen	brachte	
3. fahren	fuhr	
4. finden		fände
5. geben	gab	
6. gehen	ging	
7. haben		hätte
8. laufen		liefe
9. mögen	mochte	
10. müssen	musste	
11. nehmen	nahm	
12. sehen		sähe
13. sein	war	
14. tun	tat	
15. werden		würde
16. wissen	wusste	

E. Brief: Wir kommen! Ergänzen Sie die Verben in der Konjunktivform! Manchmal brauchen Sie dazu auch die *würde*-Form.

Lieber Peter!

Wir haben uns sehr über deinen Anruf gefreut. Es _____ (1) ja toll, wenn du mit

sein

deiner Familie nach Deutschland kommen _____ (2). Im September _____ (3)

können .... *sein*

Arndt und Nicole nicht hier, so dass wir für euch Platz im Haus _____ (4).

haben

Wenn ihr aber lieber in einem Hotel _____ _____ (5), _____ (6)

übernachten .... *müssen*

ihr uns das schreiben. Dann _____ wir euch ein Zimmer _____ (7). Ich

reservieren

_____ (8) mir für euren Besuch ein paar Tage frei. Wofür _____ ihr euch

nehmen

denn _____ (9)? Ihr _____ (10) euch sicher erst einmal München ansehen.

interessieren .... *mögen*

Den Kindern _____ (11) der Zoo gefallen und Rita der Botanische Garten. Und wie

dürfen

_____ (12) es mit Schlössern und Burgen? Die Kinder _____ sich bestimmt

sein

gern Neuschwanstein _____ (13). Wir _____ (14) auch eine Fahrt durch die

ansehen .... *sollen*

Alpen machen. Und wenn das Wetter schlecht sein _____ (15), _____ (16)

sollen .... *können*

wir in ein Museum gehen. Du hast gesagt, ihr _____ (17) gern einmal nach Salzburg.

fahren

Das _____ (18) kein Problem. Auf dem Weg dorthin _____ (19) wir die

sein .... *haben*

Möglichkeit, euch Schloss Herrenchiemsee zu zeigen oder man _____ (20) eine

können

kleine Bootsfahrt auf dem See machen. Vielleicht _____ (21) ihr auch Lust, etwas in

haben

den Bergen zu wandern. Hier gibt es wirklich viel zu tun. Ruf uns an, wenn ihr am Flughafen

angekommen seid! Besser _____ (22) es noch, wenn wir genau _____ (23),

sein .... *wissen*

wann ihr ankommt. Dann _____ (24) wir euch abholen *(pick up)*.

können

Bis bald!

Dein Detlef

F. **Stellenangebote** Lesen Sie das Stellenangebot und schreiben Sie die Sätze noch einmal im Konjunktiv!

> *Wir suchen für sofort:*
> BUCHHALTER/IN°. Gute Bezahlung,
> Weihnachtsbonus und gleitende° Arbeitszeit.
> Bitte schreiben Sie an: Tierversicherung°,
> 31193 Hildesheim, Rosenallee 30,
> Telefon 0 15 12!

bookkeeper
flexible
animal insurance

1. Wenn ich die Stelle akzeptiere, verdiene ich gut.

   _____

   _____

2. Dann habe ich keine finanziellen Probleme mehr.

   _____

   _____

3. Zu Weihnachten geben sie mir einen Bonus.

   _____

4. Das ist prima.

   _____

5. Mit der gleitenden Arbeitszeit habe ich eine bestimmte Stundenzahl pro Woche.

   _____

   _____

6. Es ist egal, wann ich morgens anfange.

   _____

7. Es ist auch egal, wie oft ich eine Pause mache.

   _____

8. Ich bin einfach 35 Stunden pro Woche im Büro.

   _____

   _____

9. Hildesheim ist nicht weit von euch.

   _____

10. Das gefällt mir.

    _____

G. Noch einmal Sagen Sie es auf Deutsch!

1. **Sorge um den Großvater**

   a. *Can you (pl. fam.) stay?* b. *We could go for a walk.* c. *I was supposed to visit my grandfather last week.* d. *Now we have to do it on Saturday.* e. *I wish I knew, why he has not called me.* f. *I know he would call me, if he needed anything.* g. *Would you (pl. fam.) feel like going to a restaurant?* h. *Yes, that would be nice.*

   ———————————————————————————————

   ———————————————————————————————

   ———————————————————————————————

   ———————————————————————————————

   ———————————————————————————————

   ———————————————————————————————

2. **Schade!**

   a. *I wish they hadn't invited us.* b. *If we had stayed home, we could have watched a movie.* c. *You (sg. fam.) should have gone out with Tina.* d. *That would have been more fun.* e. *If I had had time, I would have called her.* f. *If I have time tomorrow, I'll call her.* g. *Yesterday, I had no time.* h. *I should have called the day before yesterday, but I forgot (it).*

   ———————————————————————————————

   ———————————————————————————————

   ———————————————————————————————

   ———————————————————————————————

   ———————————————————————————————

   ———————————————————————————————

3. **Zukunfspläne**

   a. *You (sg. fam.) should think of your future.* b. *I wished I knew what to tell you (sg. fam.) (what I should tell you).* c. *What would happen, if you (sg. fam.) asked your parents now?* d. *The earlier you (sg. fam.) decide, the earlier you can make plans for next year.* e. *Could you (sg. fam.) please give me an answer as soon as possible?*

   ———————————————————————————————

   ———————————————————————————————

   ———————————————————————————————

   ———————————————————————————————

   ———————————————————————————————

   ———————————————————————————————

Name _____ Datum _____ Kurs _____

H. Wenn ich Sie wäre! Lesen Sie, welchen Rat Frau Jakob Herrn Bingel gibt! Was ist das englische Äquivalent zu den unterstrichenen *(underlined)* deutschen Ausdrücken?

a. *are you allowed . . .*
b. *could I bring*
c. *how about . . .*
d. *I don't mind.*
e. *I'm sorry.*
f. *I would prefer it, too, . . .*
g. *if I were you . . .*
h. *it would be better if . . .*
i. *of course*
j. *one can't*
k. *would it be possible . . .*
l. *you ought to . . .*

_____ 1. <u>Sie sollten</u> mehr spazieren gehen!

_____ 2. Ja, <u>natürlich</u>. Ich weiß.

_____ 3. <u>Es wäre besser, wenn</u> Sie nicht jeden Tag so lange im Büro sitzen würden.

_____ 4. <u>Es wäre mir auch lieber,</u> wenn ich nicht so viel zu tun hätte.

_____ 5. <u>An Ihrer Stelle</u> würde ich nicht so viel arbeiten.

_____ 6. <u>Wie wär's, wenn</u> Sie sich einen Hund kauften? Dann würden Sie bestimmt öfter spazieren gehen.

_____ 7. <u>Darf man</u> bei Ihnen einen Hund haben?—Ja, natürlich.

_____ 8. Ich frage ja nur, weil <u>man</u> das <u>nicht</u> immer <u>kann</u>.

_____ 9. <u>Könnte ich</u> den Hund dann in den Ferien zu Ihnen <u>bringen</u>?

_____10. <u>Ich habe nichts dagegen.</u>

_____11. Und meine Katze, <u>wäre es möglich</u>, sie dann auch zu bringen?

_____12. Nein! Meine Frau ist allergisch gegen Katzen. <u>Es tut mir leid.</u>

I. Aufsatz: Vorbereitung auf die Reise Stellen Sie sich vor, Sie hätten gerade ein Stipendium für ein Austauschjahr in Deutschland bekommen. Was müssten sie alles vorbereiten, bevor Sie abfliegen könnten? Welche Papiere bräuchten Sie? Welche Bücher müssten Sie einpacken? Wer würde sich um Ihre Pflanzen *(plants)* und Tiere kümmern *(take care of)*? Wer würde Ihre Wohnung übernehmen? Was würden Sie mit Ihrem Fahrrad oder Auto usw. tun?

Zum Hören

GESPRÄCH

CD 9,
Track 2

A. In Berlin ist immer etwas los. Hören Sie zuerst gut zu. Hören Sie sich dann das Gespräch ein zweites Mal an und wiederholen Sie jeden Satz!

HEIKE   Und das hier ist die Gedächtniskirche mit ihren drei Gebäuden. Wir nennen sie den „Hohlen Zahn", den „Lippenstift" und die „Puderdose".

MARTIN   Berliner haben doch für alles einen Spitznamen.

HEIKE   Der alte Turm der Gedächtniskirche soll als Mahnmal so bleiben, wie er ist. Die neue Gedächtniskirche mit dem neuen Turm ist aber modern. Wie so manches in Berlin: jede Menge Altes und jede Menge Neues.

MARTIN   Sag mal, wohnst du gern hier in Berlin?

HEIKE   Na klar! Berlin ist unheimlich lebendig und hat so viel zu bieten, nicht nur historisch, sondern auch kulturell. Hier ist immer was los. Außerdem ist die Umgebung wunderschön.

MARTIN   Ich hab' irgendwo gelesen, dass 24 Prozent der Stadtfläche Wälder und Seen sind, mit 800 Kilometern Fahrradwegen.

HEIKE   Ist doch toll, oder?

MARTIN   Wahnsinn! Sag mal, warst du dabei, als sie die Mauer durchbrochen haben?

HEIKE   Und ob! Meine Eltern und ich, wir haben die ganze Nacht gewartet, obwohl es ganz schön kalt war. Als das erste Stück Mauer kippte, haben wir alle laut gesungen: „So ein Tag, so wunderschön wie heute, so ein Tag, der dürfte nie vergeh'n."

MARTIN   Ja, das war schon einmalig. Und jetzt ist das alles schon wieder so lange her.

HEIKE   Seitdem hat sich in Berlin enorm viel verändert. Die Spuren der Mauer sind fast verschwunden.

MARTIN   Wer hätte das je gedacht!

HEIKE   Hier gibt's heute wirklich alles, ein buntes Gemisch an Leuten und Sprachen.

MARTIN   Bist du froh, dass Berlin wieder Hauptstadt ist?

HEIKE   Nun, ich könnte mir's gar nicht mehr anders vorstellen.

> „Berlin ist mehr
> ein Weltteil als
> eine Stadt."
>
> *Jean Paul*
> *Deutscher Dichter*
> *(1763–1825)*

CD 9,
Track 3

Lesen Sie jetzt Martins Rolle! Beginnen Sie!

CD 9,
Track 4

B. Fragen Welche Antwort passt?

1. a. ein Lippenstift
   b. eine Puderdose
   c. ein Mahnmal

2. a. die Umgebung
   b. das Fernsehen
   c. die Mauer

3. a. im Bett
   b. vor dem Fernseher
   c. an der Mauer

AUSSPRACHE: qu, pf, ps ◄◄ Als weitere mündliche Übung lesen Sie *Zur Aussprache* vorne im *Arbeitsbuch*, Teil III, Beispiele 19, 21 und 22.

CD 9,
Track 5

Laute Hören Sie zu und wiederholen Sie!

1. [kv] **Qu**atsch, **Qu**alität, **Qu**antität, **Qu**artal, be**qu**em
2. [pf] **Pf**arrer, **Pf**effer, **Pf**lanze, **Pf**und, A**pf**el, Ko**pf**, emp**f**ehlen
3. [ps] **Ps**ychologe, **Ps**ychologie, **ps**ychologisch, **Ps**alm, **Ps**eudonym, Ka**ps**el

STRUKTUR

14.1 Relative clauses

CD 9,
Track 6

A. Die Menschen, die ich kenne Sagen Sie es mit einem Relativpronomen!

1. Der Arzt ist gut.
   Das ist ein Arzt, der gut ist.
   ....

2. Den Maler kenne ich nicht.
   Das ist ein Maler, den ich nicht kenne.
   ....

3. Wir haben es der Dame gesagt.

   Das ist die Dame, der wir es gesagt haben.
   ....

CD 9,
Track 7

B. Erklärungen Stellen Sie Fragen!

1. Du hast die Gitarre gekauft.
   Ist das die Gitarre, die du gekauft hast?
   ....

2. Das Auto gehört dem Herrn.
   Wo ist der Herr, dem das Auto gehört?
   ....

14.2 Indirect speech

CD 9,
Track 8

C. Was haben sie gesagt oder gefragt? Sagen Sie ganze Sätze!

1. Hans reist gern nach Saas-Fee.
   Sie sagte, dass Hans gern nach Saas-Fee reiste.

   Hans reist gern nach Saas-Fee.
   Das Dorf ist autofrei.
   Es gibt dort viele Alpenblumen.
   Man kann auch im Juli Ski laufen gehen.
   Er fährt bald wieder nach Saas-Fee.

2. Carolyn hat ein Jahr in Deutschland studiert.
   Er erzählte, dass Carolyn ein Jahr in Deutschland studiert hätte.

   Carolyn hat ein Jahr in Deutschland studiert.
   Es hat ihr dort sehr gut gefallen.
   In den Ferien ist sie gereist.
   Sie ist auch in Griechenland gewesen.
   Sie hat viele Menschen kennengelernt.
   Sie ist erst im August zurückgekommen.

LESETEXT

CD 9,
Track 9

Berlin, ein Tor zur Welt

....

DIKTAT

CD 9,
Track 10

Hören Sie zu und schreiben Sie, was Sie hören!

1. _____
   _____

2. _____
   _____

3. _____
   _____

4. _____
   _____

5. _____
   _____

VERSTEHEN SIE?

CD 9,
Track 11

Einer, der das Warten gelernt hat "Hören Sie sich die Geschichte an!"

Zum Erkennen: der Buddha *(statue of Buddha)*; reiben, rieb, gerieben *(to rub)*

....

CD 9,
Track 12

Richtig oder falsch?

1. richtig   falsch
2. richtig   falsch
3. richtig   falsch
4. richtig   falsch
5. richtig   falsch

Video-Interviews

Sonja Zunker

ZUM THEMA: „Wie finden Sie es hier in Berlin?"

Zum Erkennen: genießen *(to enjoy)*; vielfältig *(diverse)*; unterschiedlich *(different)*; zwitschern *(to chirp)*; das Treiben *(hubbub)*; beobachten *(to watch)*; indem *(by)*; sich bewegen *(to move)*; der Unterschied, -e *(difference)*; nach wie vor *(still)*; architektonisch *(architecturally)*; die Gestaltung *(style)*; die Bereicherung *(enrichment)*; die Angelegenheit, -en *(here: thing)*

Name _____ Datum _____ Kurs _____

A. Was gefällt ihnen dort? Antworten Sie ganz kurz!

1. Was gefällt Herrn Mienert am Leben in Berlin?

   _____

   _____

2. Wohin geht er manchmal, wenn er seine Ruhe haben will?

   _____

   _____

3. Was genießt er dann dort?

   _____

   _____

4. Was kann man in Berlin zur Unterhaltung tun?

   _____

   _____

5. Was kann man tun, wenn man sich nur entspannen will?

   _____

   _____

6. In welchem Teil von Berlin wohnt Frau von Heyden?

   _____

   _____

7. Woran kann man heute noch Unterschiede zwischen den zwei ehemaligen *(former)* Teilen der Stadt sehen?

   _____

   _____

8. Sieht sie zwischen den alten und neuen Bundesländern auch noch Unterschiede? Wieso?

   _____

   _____

9. Was gefällt Matin besonders an Berlin?

   _____

   _____

10. Was bedeutet das für ihn, wenn er in Berlin wohnt?

   _____

   _____

B. Jetzt sind Sie dran! Wenn Sie schon mal in Berlin gewesen sind, beantworten SIE die Frage des Reporters. Wenn nicht, sprechen Sie über eine andere Großstadt! Beschreiben Sie in sechs bis acht Sätzen, was Ihnen dort besonders gefällt und was weniger!

Zum Schreiben

A. Erweitern Sie Ihren Wortschatz!

Numerous German nouns are derived from verbs. Some are based on the infinitive stem; others show the vowel change of the simple past or the past participle.

1. **Nennen Sie das Substantiv dazu!** Diese Wörter sind maskulin. Was bedeutet das auf Englisch?

beginning	call	dance	plan	purchase	gratitude

BEISPIEL   teilen

              der Teil   *part*

a. anfangen _____ _____

b. kaufen _____ _____

c. danken _____ _____

d. tanzen _____ _____

e. planen _____ _____

f. anrufen _____ _____

2. **Nennen Sie das Substantiv dazu!** Diese Wörter sind feminin. Was bedeutet das auf Englisch?

apprenticeship	border	love	rent	request	shower

BEISPIEL   reisen

              die Reise   *trip*

a. bitten _____ _____

b. duschen _____ _____

c. lieben _____ _____

d. mieten _____ _____

e. lehren _____ _____

f. grenzen _____ _____

B. Deutschland und Berlin   Was fehlt?

1. Das Gegenteil von Krieg ist _____.

2. Viele Jahre lang war Deutschland in zwei _____ geteilt.

3. Auch Berlin war geteilt und eine _____ ging mitten durch die _____.

4. Man lebte wie auf einer _____.

5. Seit der _____ ist Deutschland wieder ein Land.

6. Man ist wieder ein _____.

7. Die Menschen fühlen sich in ihrem Land wohl. Es ist ja ihre _____.

8. Die Berliner sind ganz lustig und haben für viele ihrer Gebäude einen _____.

9. Von der _____ sieht man heute fast nichts mehr.

10. Für die jungen Leute, also die _____, ist das heute alles Geschichte.

C. Was bedeutet das Substantiv auf Englisch? Welches Verb passt dazu?

greeting	*help*	*language*	*laundry*
participation	*prohibition*	*reconstruction*	*wish*

BEISPIEL   die Tat

                      deed   tun

1. die Hilfe   _____   _____

2. die Teilnahme   _____   _____

3. die Sprache   _____   _____

4. die Wäsche   _____   _____

5. das Verbot   _____   _____

6. der Wunsch   _____   _____

7. der Gruß   _____   _____

8. der Wiederaufbau   _____   _____

D. Auf Deutsch bitte!

1. *all sorts of* _____

2. *empty* _____

3. *famous* _____

4. *hardly* _____

5. *since then* _____

6. *somewhere* _____

7. *unique* _____

8. *to recognize* _____

9. *to remember* _____

10. *to report* _____

E. Diebstahl bei der Bank *(Bank robbery)* Ergänzen Sie die fehlenden Relativpronomen!

Ein junger Mann hatte bei der Bank, in _____ (1) er arbeitete, 1.000 Euro gestohlen

(stolen). Als er sah, dass er das Geld, _____ (2) er gestohlen hatte, nicht zurückzahlen konnte,

bekam er Angst. Er ging zu einem Rechtsanwalt, _____ (3) er kannte und von _____ (4) er wusste,

dass er ihm vertrauen *(trust)* konnte. Diesem Mann erzählte er alles, auch von seiner Frau,

_____ (5) Boss *(m.)* sie gerade an die frische Luft gesetzt hatte *(had fired her)*. Der Rechtsanwalt

hörte zu und fragte ihn dann: „Wie viel Geld können Sie aus der Bank nehmen, bei _____ (6)

Sie arbeiten, ohne dass andere Leute, _____ (7) auch dort arbeiten, es wissen?" „Nicht mehr als

1.500 Euro", sagte der junge Mann, _____ (8) nicht verstand, warum der Rechtsanwalt ihn das

fragte. „Gut, bringen Sie mir morgen früh die 1.500 Euro, _____ (9) Sie nehmen können!", sagte

der Rechtsanwalt. Dann schrieb er den folgenden Brief, _____ (10) er an die Bank schickte, von

_____ (11) der junge Mann das Geld gestohlen hatte: „Herr Huber, _____ (12) bei Ihnen arbeitet,

hat 2.500 Euro gestohlen. Seine Familie, _____ (13) ihm helfen möchte, will Ihnen die 1.500

Euro zurückgeben, _____ (14) sie zusammengebracht hat. Bitte geben Sie einem jungen Mann,

_____ (15) ganzes Leben noch vor ihm liegt, eine Chance!" Das tat die Bank, _____ (16) Namen

ich nicht nennen möchte, und der junge Mann konnte ein neues Leben beginnen.

F. Schloss Cecilienhof Ergänzen Sie die passenden Relativpronomen!

Schloss Cecilienhof, _____ (1) im nördlichen Teil von Potsam liegt, wurde unter

Kaiser Wilhelm II. für seinen Sohn Kronprinz Wilhelm

gebaut, _____ (2) Frau Cecilie hieß. Es ist ein Gebäude

im englischen Landhausstil, _____ (3) in den Jahren

1914–1917 gebaut wurde. Bekannt geworden ist

Cecilienhof durch die Potsdamer Konferenz, _____ (4) hier

vom 17. Juli bis 2. August 1945 stattfand *(took place)*.

Es war ein Treffen *(n.)* der Alliierten des 2. Weltkrieges,

zu _____ (5) Roosevelt, Stalin und Churchill gekommen

waren. Sie machten hier Pläne, _____ (6) für die Zukunft

Deutschlands wichtig waren. Es ist heute ein

Platz, _____ (7) von vielen Touristen besucht wird.

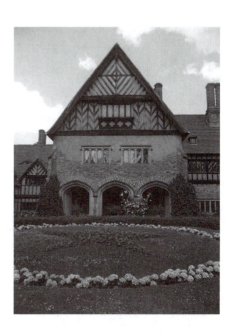

G. Ein komischer Mensch Auf Deutsch bitte!

1. *Where is the lecture hall in which Prof. Kunert gives his lectures?*

   _____

   _____

2. *The course he teaches is Modern German History.*

   _____

   _____

3. *The students who take his courses must work hard.*

   _____

   _____

4. *History is a subject that I find very interesting.*

   _____

   _____

5. *But I have a roommate (m.) who finds nothing interesting.*

   _____

   _____

6. *He is a person I don't understand.*

   _____

   _____

7. *He takes subjects he doesn't like.*

   _____

   _____

8. *The friends he goes out with (with whom he goes out) are boring.*

   _____

   _____

9. *He laughs at his father, whose money he gets every month.*

   _____

   _____

10. *But the woman he's engaged to (to whom he is engaged) is very nice.*

   _____

   _____

H. Mendelssohn und Friedrich der Große Lesen Sie die Anekdote über Friedrich II. (oder Friedrich den Großen) von Preußen *(Prussia)* und wiederholen Sie alle direkte Rede indirekt!

Moses Mendelssohn, der Großvater des Komponisten Felix Mendelssohn, war ein sehr bekannter Philosoph und ein guter Freund Friedrichs II. (des Zweiten). Eines Tages war er beim König zum Abendessen eingeladen. Um sieben Uhr waren alle Gäste da, nur Mendelssohn nicht. Da wurde der König ungeduldig und fragte: „Wo ist Mendelssohn?" „Das weiß ich nicht", war die Antwort des Dieners *(servant)*. „Das ist typisch für die Philosophen! Wenn sie hinter ihren Büchern sitzen, vergessen sie alles." Da sagte Friedrich zu seinem Diener: „Bringen Sie mir ein Stück Papier!" Darauf schrieb er dann: „Mendelssohn ist ein Esel *(ass)*. Friedrich II." Das gab er dem Diener und sagte, „Legen Sie das auf Mendelssohns Platz!" Kurz danach kam Mendelssohn, sagte „Guten Abend!" und setzte sich. Er fand den Zettel *(note)*, las, was darauf stand, und begann zu essen. Der König aber fragte: „Na, wollen Sie uns nicht sagen, was auf dem Zettel steht?" Da stand Mendelssohn auf und sagte: „Das will ich gern tun. Mendelssohn ist EIN Esel, Friedrich DER ZWEITE."

1. Der König fragte, _____

2. Der Diener antwortete, _____

3. Der König meinte, _____

4. Er meinte, _____

_____

5. Er sagte dem Diener, _____

6. Darauf schrieb er, _____

7. Dann sagte er dem Diener, _____

_____

8. Der König fragte Mendelssohn, _____

9. Mendelssohn antwortete, _____

10. Auf dem Zettel stand, _____

I. Aufsatz: Was wäre wenn? „Wenn das Wörtchen wenn nicht wär'" ist eine beliebte Redewendung *(figure of speech)* im Deutschen. Stellen Sie sich vor, das Wörtchen „wenn" gäbe es plötzlich nicht mehr und Sie hätten viel Geld in der Lotterie gewonnen! Welche Träume würden Sie sich erfüllen?

J. Bildbeschreibung: Schloss Sanssouci in Potsdam Schreiben Sie fünf Relativsätze über dieses Bild in Potsdam oder über Friedrich II.! Im Internet gibt es jede Menge Informationen über ihn.

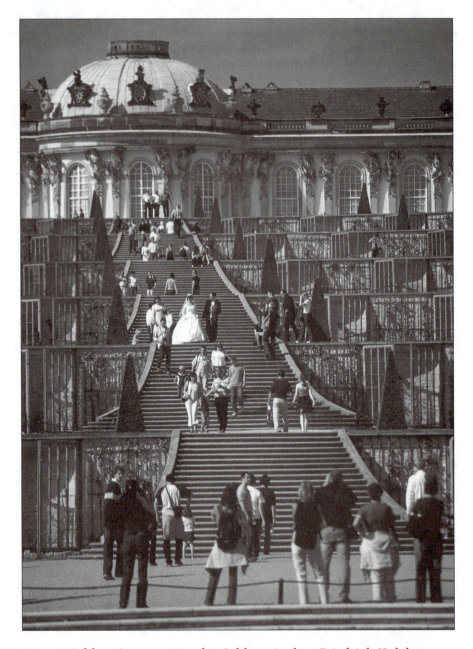

BEISPIEL   *Schloss Sanssouci ist das Schloss, in dem Friedrich II. lebte.*

_____

_____

_____

_____

_____

_____

_____

Zum Hören

GESPRÄCHE

CD 9,
Track 13

A. Zu Besuch in Weimar Hören Sie zuerst gut zu. Hören Sie sich dann das Gespräch ein zweites Mal an und wiederholen Sie jeden Satz!

TOM Komisch, dieses Denkmal von Goethe und Schiller kenne ich doch! Ich glaube, ich habe es schon irgendwo gesehen.

DANIELA Warst du eigentlich schon mal in San Francisco?

TOM Na klar!

DANIELA Warst du auch im Golden Gate Park?

TOM Ach ja, da steht genau das gleiche Denkmal. Das haben, glaub' ich, die Deutsch-Amerikaner in Kalifornien einmal bauen lassen.

DANIELA Richtig! Im 18. Jahrhundert haben hier viele berühmte Leute gelebt und die Weimarer Republik ist auch danach benannt.

TOM Ja ja, aber heute früh, als ich am Mahnmal vom Konzentrationslager Buchenwald auf die Stadt herabblickte, hatte ich sehr gemischte Gefühle.

DANIELA Ja, da hast du natürlich recht.

CD 9,
Track 14

B. In der Altstadt Hören Sie zu!

DANIELA Schau mal, die alten Häuser hier sind doch echt schön.

TOM Ja, sie sind gut restauriert worden. Ich finde es vor allem schön, dass hier keine Autos fahren dürfen.

DANIELA Gott sei Dank!

TOM Bei uns gibt es jetzt auch eine Bürgerinitiative, alle Autos in der Altstadt zu verbieten, um die alten Gebäude zu retten.

DANIELA Das finde ich gut.

TOM Sind die Container da drüben für die Mülltrennung?

DANIELA Ja, habt ihr auch Mülltrennung?

TOM Ja, freiwillig. Da könnte man ganz bestimmt noch viel mehr tun. Zum Beispiel weiß ich nie, wohin mit alten Batterien oder Medikamenten.

DANIELA Die alten Batterien kann man in jedem Supermarkt in spezielle Sammelbehälter werfen und die alten Medikamente, die bringst du zur Apotheke.

TOM Das geht bei uns nicht und so landet schließlich vieles in der Mülltonne.

DANIELA Das ist bei uns verboten.

TOM Das sollte es auch sein. Ihr seid da eben weiter als wir.

CD 9,
Track 15

Lesen Sie jetzt Toms Rolle! Beginnen Sie!

CD 9,
Track 16

C. Richtig oder falsch? Sie hören fünf Sätze. Stimmt das?

1. richtig   falsch
2. richtig   falsch
3. richtig   falsch
4. richtig   falsch
5. richtig   falsch

AUSSPRACHE Als weitere mündliche Übung lesen Sie *Zur Aussprache* vorne im *Arbeitsbuch*, Teil II, Beispiel 42.

CD 9,
Track 17

Knackaute *(Glottal stops)* Hören Sie zu und wiederholen Sie!

1. +Erich +arbeitet +am +alten Schloss.
2. Die +Abgase der +Autos machen +einfach +überall +alles kaputt.
3. +Ulf +erinnert sich +an +ein +einmaliges +Abendkonzert +im +Ulmer Dom.
4. +Otto sieht +aus wie +ein +alter +Opa.
5. +Anneliese +ist +attraktiv +und +elegant.

STRUKTUR

15.1 The passive voice

CD 9,
Track 18

A. Was wird gemacht? Ersetzen Sie das Subjekt!

1. Er wird heute fotografiert. (wir)
   Wir werden heute fotografiert.
   ....

2. Ich wurde zur Party eingeladen. (ihr)
   Ihr wurdet zur Party eingeladen.
   ....

3. Du wirst angerufen werden. (Sie)
   Sie werden angerufen werden.
   ....

CD 9,
Track 19

B. Wer hat das Hotel empfohlen? Beantworten Sie die Fragen!

Es wurde von dem Taxifahrer empfohlen. (ein Freund)
Es wurde von einem Freund empfohlen.
....

CD 9,
Track 20

C. Wiederaufbau Sagen Sie die Sätze im Passiv! *(Don't express the agent.)*

Die Firma renoviert das Gebäude.
Das Gebäude wird renoviert.
....

CD 9,
Track 21

D. Damals und heute Sagen Sie die Sätze in einer anderen Zeit!

1. In der Vergangenheit
   Die Pläne werden gemacht.
   Die Pläne wurden gemacht.
   ....

2. Im Perfekt
   Das Schloss wird besichtigt.
   Das Schloss ist besichtigt worden.
   ....

3. In der Zukunft
   Es wird viel geredet.
   Es wird viel geredet werden.
   ....

E. Die Hochzeit Was muss gemacht werden?

Wir müssen die Hochzeit feiern.
Die Hochzeit muss gefeiert werden.

CD 9,
Track 22

1. Wir müssen die Hochzeit feiern.
2. Wir müssen Einladungen schreiben.
3. Wir müssen das Haus putzen.
4. Wir müssen die Blumen bestellen.
5. Wir müssen die Lebensmittel kaufen.
6. Wir müssen den Sekt kalt stellen.
7. Wir müssen den Kuchen backen.
8. Wir müssen den Fotografen anrufen.

15.2 The various uses of *werden*

F. Welche Funktion hat *werden*? Jetzt hören Sie zehn Sätze. Ist **werden** ein Vollverb *(a full verb)* oder ist der Satz in der Zukunft, im Konjunktiv oder im Passiv? Kreuzen Sie die richtige Antwort an! Passen Sie auf!

CD 9,
Tracks 23–24

	Vollverb	Zukunft	Konjunktiv	Passiv
1.	❏	❏	❏	❏
2.	❏	❏	❏	❏
3.	❏	❏	❏	❏
4.	❏	❏	❏	❏
5.	❏	❏	❏	❏
6.	❏	❏	❏	❏
7.	❏	❏	❏	❏
8.	❏	❏	❏	❏
9.	❏	❏	❏	❏
10.	❏	❏	❏	❏

LESETEXT

Der Wind kennt keine Grenzen.

CD 9,
Track 25

....

DIKTAT

Hören Sie zu und schreiben Sie, was Sie hören!

CD 9,
Track 26

1. _____

   _____

2. _____

   _____

3. _____

   _____

4. _____

   _____

5. _____

   _____

VERSTEHEN SIE?

CD 9,
Track 27

Der Mantel Hören Sie diese kleine Anekdote über Einstein an!

....

CD 9,
Track 28

Welche Antwort ist richtig?

1. a. Der Mantel wäre zu elegant.
   b. Der Mantel sähe furchtbar aus.
   c. Der Mantel sähe toll aus.

2. a. Hier würde ihn niemand kennen.
   b. Er hätte kein Geld, sich einen Mantel zu kaufen.
   c. Das wäre schade.

3. a. Niemand hat ihn abgeholt (picked up).
   b. Er ist von ein paar Studenten abgeholt worden.
   c. Er ist von Einstein abgeholt worden.

4. a. Er meinte, Einstein wäre ein intelligenter Mann.
   b. Er meinte, die Leute könnten schlecht von Einstein denken.
   c. Er sagte, er würde ihm einen Mantel kaufen.

5. a. Einstein sagte Er sagte: „Danke schön!"
   b. Einstein sagte, das wäre egal, weil ihn doch jeder kennen würde.
   c. Einstein meinte, er hätte keine Zeit, einkaufen zu gehen.

Video-Interviews

Karen Plötsch

ZUM THEMA: „Wie wichtig ist hier der Umweltschutz?"

Zum Erkennen: grundsätzlich (basically); die Solarzelle, -n (solar cell); das Windrad, ¨er (wind turbine); das Bewusstsein (awareness); sich verbessern (to improve); unüblicher (less common); der Ausstoß (exhaust); der Schadstoff, -e (harmful chemical); steigen (to increase); die Verwendung (use); erneuerbar (renewable); voran·kommen (to progress); die Sache, -n (thing); andauernd (constantly); nach·denken (über) (to think about); alltäglich (everyday); die Heizung (heating); ab·stellen, aus·machen (to turn off); sich ein·seifen (to put on soap); der Geldbeutel, - (pocket book)

A. Richtig oder falsch?

_____ 1. Frau Plötsch hält nicht viel von Windrädern und Solarzellen.

_____ 2. Sie meint, dass sie nicht funktionieren und der Umwelt nicht wirklich helfen.

_____ 3. Frau von Heyden findet, dass die Deutschen viel umweltbewusster geworden seien.

_____ 4. Mülltrennung habe es schon jahrelang gegeben und sei den Leuten schon immer wichtig gewesen.

_____ 5. Die Sorge um Schadstoffe in der Luft, besonders von Autos, sei gestiegen.

_____ 6. Die Verwendung von erneuerbaren Energien sei allerdings noch nicht weit vorangekommen.

_____ 7. Der Umweltschutz ist für Herrn Axer etwas ganz Normales im täglichen Leben.

_____ 8. Er ist dafür, dass man die öffentlichen Verkehrsmittel benutzt oder mit dem Fahrrad fährt.

_____ 9. Er selbst habe kein Auto und werde sich auch keins kaufen.

_____10. Bevor man zur Arbeit geht, solle man die Heizung hoch stellen.

_____11. Beim Duschen solle man am besten keine Seife *(soap)* mehr benutzen.

_____12. Das Duschen sei überhaupt eine dumme Sache, denn da brauche man einfach zu viel Wasser.

_____13. Frau Lang ist sehr für umweltfreundliche Autos.

_____14. Auch sollte man beim Heizen mehr sparen.

_____15. Heizen sei gut für die Umwelt und kostet nicht viel.

B. Jetzt sind Sie dran! Wie würden SIE die Frage des Reports beantworten? Was tun Sie persönlich im täglichen Leben für die Umwelt. Wo sieht man in Ihrer Stadt oder Ihrem Land, dass das Umweltproblem ernst genommen wird? Können Sie Beispiele nennen?

Zum Schreiben

A. Erweitern Sie Ihren Wortschatz!

Many past participles can be used to form adjectival nouns, e.g., **verloben** (to get engaged) → **verlobt** (engaged) → **der/die Verlobte** (fiancé[e]). As you can see, the English equivalent of the derived noun is oftentimes based on a completely different word.

Vom Verb zum Substantiv Wie heißt das auf Englisch? Wählen Sie die richtige Bedeutung!

adoptee   divorcée   disabled (person)   invited (guest)   juror

married (person)   paralytic   prisoner, captive   rescued (person)   scholar, savant

soldier killed in action   supervisor, boss   survivor, surviving family member   sweetheart, lover   wanted person

Infinitive	English	Adjectival Noun	English
1. adoptieren	to adopt	der/die Adoptierte	_____
2. behindern	to hinder, impede	der/die Behinderte	_____
3. einladen	to invite	der/die Eingeladene	_____
4. fallen	to fall; to die in battle	der/die Gefallene	_____
5. fangen	to catch, capture	der/die Gefangene	_____
6. hinterbleiben	to remain behind	der/die Hinterbliebene	_____
7. lähmen	to paralyze	der/die Gelähmte	_____
8. lehren	to teach	der/die Gelehrte	_____
9. lieben	to love	der/die Geliebte	_____
10. retten	to save, rescue	der/die Gerettete	_____
11. scheiden	to separate, split	der/die Geschiedene	_____
12. schwören	to swear (on oath)	der/die Geschworene	_____
13. suchen	to look for, search	der/die Gesuchte	_____
14. verheiraten	to marry	der/die Verheiratete	_____
15. vorsetzen	to put in front	der/die Vorgesetzte	_____

B. Fremdwörter

1. **Englische Fremdwörter in der deutschen Sprache** Finden und unterstreichen Sie sie! Beispiele wie die folgenden, in denen so viele Fremdwörter in einem Satz erscheinen, sind selten, aber möglich.

   a. Das ist der Journalist, der die Story von dem Come-back des Stars brachte.
   b. Nach der Show gab das Starlet ein Interview.
   c. Gestern haben wir im TV eine wunderbare Jazzshow gesehen. Das Musical heute Abend soll auch gut sein.
   d. Layout und Design sind hier besonders wichtig. Ein Layouter wird gut bezahlt.
   e. Manche Teenager denken, dass Make-up und Sex-Appeal das Gleiche sind.
   f. Die Effizienz in einem Office hängt vom Teamwork der Angestellten ab.
   g. Wenn ein Manager non-stop arbeitet, ist es kein Wunder, dass der Stress zu viel wird.
   h. Ein Banker weiß, dass guter Service sehr wichtig ist.
   i. Für unseren Flag-Ship-Store in Berlin suchen wir eine(n) professionelle(n), systematisch-powervolle(n) Sales Manager/in. Die Position umfasst *(includes)* den kompletten Sale und die Betreuung *(supervision)* unseres Exklusiv-Shops.

2. **Deutsche Fremdwörter in der englischen Sprache** Was ist das deutsche Wort dafür?

   a. *a woman whose horizon is limited to her household* _____

   b. *an expression used when someone sneezes* _____

   c. *a special way of singing practiced in the Alps* _____

   d. *a pastry made of paper-thin dough and often filled with apples* _____

   e. *something such as very dry toast, often given to teething infants* _____

   f. *a dog shaped like a sausage with short bowed legs* _____

   g. *a hot dog* _____

   h. *an adjective expressing that all is in ruins or done for* _____

   i. *a word which implies that something isn't real or genuine, but a cheaper substitute* _____

   j. *a toast given when people drink together* _____

   k. *a feeling of deep-seated anxiety or insecurity* _____

   l. *a school for children around age five* _____

C. Was ist das Gegenteil?

_____ 1. abreißen   a. allein

_____ 2. gemeinsam   b. aufbauen

_____ 3. erlauben   c. schonen

_____ 4. retten   d. verbieten

_____ 5. sammeln   e. wegwerfen

_____ 6. schaden   f. zerstören

D. Auf Deutsch bitte!

1. *dangerous*   _____

2. *individual*   _____

3. *proud*   _____

4. *to grow*   _____

5. *to talk about*   _____

6. *to use*   _____

7. *by the way*   _____

8. *finally*   _____

9. *however*   _____

10. *in the meantime*   _____

E. Ausländische Arbeitskräfte in Deutschland Welches ist die richtige Übersetzung für die Verbform?

1. Um 1960 <u>war</u> es in Deutschland <u>schwer</u>, genug Industriearbeiter zu finden.
   a. *was difficult*
   b. *became difficult*
   c. *has been difficult*
   d. *would be difficult*

2. Hunderttausende von ausländischen Arbeitern <u>wurden</u> damals in die Bundesrepublik <u>eingeladen</u>.
   a. *have invited*
   b. *would be invited*
   c. *were invited*
   d. *will be invited*

3. Diese Arbeiter aus der Türkei, aus Italien, Griechenland, Spanien und anderen Ländern <u>wurden</u> Fremdarbeiter oder Gastarbeiter <u>genannt</u>.
   a. *are called*
   b. *will call*
   c. *were called*
   d. *would be called*

4. Am Anfang glaubte man, dass diese Arbeiter nach ein paar Jahren in ihre Heimat <u>zurückgehen würden</u>.
   a. *will go back*
   b. *went back*
   c. *would go back*
   d. *have returned*

5. Weil es aber dort keine Arbeit gab und weil die Arbeit in Deutschland nicht schlecht <u>bezahlt wurde</u>, blieben viele Ausländer in der Bundesrepublik.
   a. *would pay*
   b. *paid*
   c. *would be paid*
   d. *was paid*

6. Aber die soziale Integration war schwer und manche deutsche Stadtteile <u>sind</u> griechische oder türkische Gettos <u>geworden</u>.
   a. *have become*
   b. *are becoming*
   c. *were*
   d. *will become*

7. Heutzutage <u>wird</u> es ihnen etwas leichter <u>gemacht</u>, sich in das deutsche Leben zu integrieren.
   a. *will make*
   b. *is being made*
   c. *will be made*
   d. *would be made*

8. Neue Gesetze sind eingeführt worden *(have been introduced)*, um die deutsche Staatsbürgerschaft leichter zu bekommen. Weil die Kinder der Gastarbeiter oft kein Deutsch sprechen, <u>ist</u> in den Schulen viel <u>experimentiert</u> <u>worden</u>.
   a. *experiments are being conducted*
   b. *experiments would be conducted*
   c. *experiments will be conducted*
   d. *experiments were conducted*

9. Mit der wachsenden Suche nach qualifizierten Arbeitskräften im High-Tech-Sektor <u>ist</u> eine neue Generation von Ausländern nach Deutschland <u>gebracht worden</u>.
   a. was brought
   b. is brought
   c. will *be brought*
   d. had been brought

10. Ohne ausländische Arbeitskräfte <u>könnte</u> die deutsche Industrie heute <u>nicht funktionieren</u>.
   a. *can't function*
   b. *will not be able to function*
   c. *was unable to function*
   d. *wouldn't be able to function*

F. Das Deutsche Nationaltheater in Weimar Ergänzen Sie die folgenden Sätze!

1. Das Goethe-Schiller-_____ in steht vor dem Nationaltheater in Weimar.
   a. Mahnmal
   b. Denkmal
   c. Abendmahl

2. Das Theater wurde am 9. Februar 1945 durch Bomben _____.
   a. abgerissen
   b. erklärt
   c. zerstört

3. Am 28. August 1948 wurde es nach zweijähriger Bauzeit wieder _____.
   a. eröffnet
   b. gerettet
   c. garantiert

4. Es war das erste Theatergebäude, das nach dem 2. Weltkrieg wieder _____ wurde.
   a. gebraucht
   b. gerettet
   c. aufgebaut

5. Seitdem *(since then)* werden dort wieder viele klassische und moderne, nationale und internationale _____ aufgeführt.
   a. Studien
   b. Romane
   c. Stücke

6. Den Namen „Deutsches Nationaltheater" bekam das Haus am 19. Januar 1919 im Zusammenhang mit *(in connection with)* der Weimarer Nationalversammlung *(National Assembly)*, die hier vom 6. Februar bis zum 11. August 1919 _____.
   a. zusammenkam
   b. zusammenwuchs
   c. erklärte

7. An der Stelle des jetzigen Theaters stand früher das alte Hoftheater, in dem nicht nur Goethes „Faust," _____ auch Wagners „Lohengrin," Hebbels „Nibelungen" und Humperdincks „Hänsel und Gretel" ihre Premieren hatten.
   a. allerdings
   b. etwa
   c. sondern

8. Beim Wiederaufbau des Nationaltheaters 1946–1948 wurde das Innere *(interior)* des Theaters, das an das alte Barocktheater erinnerte, enorm _____.
   a. verboten
   b. verändert
   c. verloren

G. Der Frankfurter Römerberg Unterstreichen Sie den Passiv und <u>übersetzen</u> Sie die Formen!

BEISPIEL
Das Haus <u>wurde</u> 1945 <u>zerstört</u>.
was destroyed

1. Der Frankfurter Römerberg ist ein Platz mit schönen Fachwerkhäusern *(half-timbered houses)*, die im Zweiten Weltkrieg zerstört worden waren.

   _____

2. Zuerst sollten sie nicht wieder aufgebaut werden, weil das zu teuer war.

   _____

3. Durch Bürgerinitiativen sind sie gerettet worden.

   _____

4. Man hat die Fassaden so gelassen, wie sie vor dem Krieg waren, aber innen sind die Gebäude modernisiert worden.

   _____

5. Die Renovierung dieser Fachwerkhäuser wurde damals von der Stadt mit 15 Millionen Mark finanziert.

   _____

6. Leider sind dabei Fehler gemacht worden.

   _____

7. Die Mieter ärgerten sich darüber, dass in den Wänden immer wieder neue Risse *(cracks)* gefunden wurden.

   _____

8. Es musste herausgefunden werden, wer dafür verantwortlich gemacht werden konnte.

   _____

9. Diese Gebäude stehen zwischen dem Dom und dem Römer (so heißt ein Gebäudekomplex). Auch der Dom und der Römer sind restauriert worden.

   _____

10. Vor mehreren hundert Jahren sind Kaiser und Könige im Dom gekrönt *(crowned)* worden.

    _____

11. Danach wurde auf dem Römerberg gefeiert.

    _____

12. Heute wird im Römer geheiratet, denn dort ist das Frankfurter Standesamt *(civil marriage registry)*.

    _____

H. Was wird aus diesem Gebäude? Auf Deutsch bitte!

1. *The building hasn't been torn down yet.*

   _____

2. *Why not? Have the plans been changed?*

   _____

3. *What will they do now?*

   _____

4. *It's getting dark, and my train will leave soon.*

_____

5. *I'll explain everything to you tomorrow.*

_____

6. *I know that it will not be easy to tear it down.*

_____

7. *People will protest and do everything against it.*

_____

I. Lyonel Feininger Lesen Sie den folgenden Text und machen Sie dann sechs bis acht Aussagen über diesen Künstler im Konjunktiv!

1. Lyonel Feininger (1871–1956) war ein berühmter deutsch-amerikanischer Maler, Grafiker und Karikaturist, der zwischen 1906 und 1937 immer wieder in Weimar war. 2. Dort war er auch eine Weile Direktor an der Staatlichen Kunstschule (Bauhaus). 3. Seine abstrakten Bilder von Kirchen und Dörfern in der Weimarer Umgebung sowie eigene Karikaturen haben viele zeitgenössische *(contemporary)* Künstler beeinflusst. 4. 1924 gründete *(founded)* er mit Künstlern wie Paul Klee und Wassily Kandinsky die Ausstellungsgruppe „Blaue Vier". 5. 1933 emigrierte Feininger mit seiner Familie in die USA, wo er als freier Maler in New York arbeitete. 6. Dort wurde er besonders bekannt durch seine Comic-Serien *The Kin-der-Kids* und *Wee Willie Winki's World*, die zu den Klassikern des Genres zählen. 7. Die Nazis sahen seine Bilder als „entartete *(degenerate)* Kunst".

BEISPIEL: *Ich habe gelesen, dass er ein berühmter deutsch-amerikanischer Künstler gewesen sei.*
Er habe . . .
Er sei . . .

J. Sprichwörter *(Proverbs)* Lesen Sie sie und finden Sie die englische Version auf der Liste!

_____ 1. Lieber einen Spatz *(sparrow)* in der Hand als eine Taube *(pigeon)* auf dem Dach.

_____ 2. Rom ist nicht an einem Tag gebaut worden.

_____ 3. Es ist noch kein Meister vom Himmel gefallen.

_____ 4. Der Apfel fällt nicht weit vom Stamm *(stem)*.

_____ 5. Was Hänschen nicht lernt, lernt Hans nimmermehr *(nevermore)*.

_____ 6. Viele Köche verderben *(spoil)* den Brei *(porridge)*.

_____ 7. Lügen *(lies)* haben kurze Beine.

_____ 8. Ohne Fleiß kein Preis.

_____ 9. Morgenstund' hat Gold im Mund.

_____ 10. Morgen, morgen, nur nicht heute, sagen alle faulen Leute.

_____ 11. Wie man sich bettet, so liegt man.

_____ 12. Wo ein Wille ist, ist auch ein Weg.

_____ 13. Wer den Pfennig nicht ehrt, ist den Taler nicht wert.

_____ 14. Ende gut, alles gut.

_____ 15. Übung macht den Meister.

a. *A bird in the hand is worth two in the bush.*
b. *All's well that ends well.*
c. *He's a chip off the old block.*
d. *He who doesn't value a penny, isn't worth a dollar.*
e. *If you don't learn it when you're young, you'll never learn it. (i.e., You can't teach an old dog new tricks.)*
f. *Lies have short legs. (The truth will come out.)*
g. *No man is born a master of his craft.*
h. *No pain, no gain.*
i. *Practice makes perfect.*
j. *Rome wasn't built in a day.*
k. *The early bird catches the worm.*
l. *Tomorrow, tomorrow, not today, all the lazy people say.*
m. *Too many cooks spoil the broth.*
n. *Where there's a will, there's a way.*
o. *You've made your bed, lie in it!*

K. Situationen Welches Sprichwort passt dazu?

1. Arnold ist gerade Manager einer Bankfiliale *(branch)* geworden und hat jetzt ein sehr gutes Einkommen. Sein Chef *(boss)* hält viel von ihm. Warum? Arnold ist jahrelang früh ins Büro gekommen und hat seine Arbeit immer gut gemacht. Wenn die anderen Angestellten kamen, hatte er schon viel fertig.

_____

_____

2. Thomas muss sein Zimmer putzen, aber immer wieder sagt er „Später!" Drei Tage später sagt er immer noch „Ich habe jetzt keine Zeit." Da denkt sich sein Mitbewohner:

_____

_____

3. Der 10-jährige Sebastian wollte gern ein neues Fahrrad. Weil er aber in der Schule nicht gerade fleißig war, waren seine Noten nicht besonders gut. Sein Vater versprach ihm ein neues Fahrrad, wenn seine Noten besser würden. Es dauerte eine Weile, aber nach einem Jahr konnte er stolz auf einem tollen neuen Fahrrad zur Schule fahren.

_____

_____

4. Maria ist frustriert, weil sie für ihre Klavierstunden so viel üben muss. Das, was sie übt, macht ihr keinen Spaß, weil ihre Freundinnen schon viel besser spielen können. Am liebsten würde sie aufhören, Klavier zu spielen. Da sagt ihre Lehrerin:

_____

_____

5. Petra und ihr Mann Oskar kochen beide gern. Oskar wollte Kartoffelsuppe machen und fing damit an, aber nach einer Weile wurde er ans Telefon gerufen und Petra machte weiter. Als sie sich dann an den Tisch setzten, um ihre Suppe zu essen, machten sie beide saure Gesichter. Die Suppe war furchtbar salzig und scharf *(spicy)*. Beide hatten Salz und Pfeffer hineingetan.

_____

_____

6. Rüdiger fährt gern Auto. Er hat aber kein Auto und den Mercedes seines Vaters darf er nicht fahren. Als sein Vater auf einer Geschäftsreise war, setzte er sich trotzdem ins Auto und fuhr damit in die Stadt. Und dann ist es beim Parken passiert: ein großer Kratzer *(scratch)!* „Ich weiß nicht, woher der Kratzer kommt. Ich habe dein Auto nicht gefahren", sagt er seinem Vater. Aber die Nachbarin hat alles gesehen und erzählt Rüdigers Mutter davon beim Kaffeeklatsch.

_____

_____

L. Bericht: Bei uns in . . . Berichten Sie, was man in einer Stadt, die Sie gut kennen, macht oder gemacht hat! Sind Gebäude abgerissen oder renoviert worden? Ist viel gebaut worden und wo wird immer noch gebaut? Ist die Stadt dadurch schöner geworden? Was wäre noch zu tun?

Rückblick: Kapitel 12–15

I. Comparison

1. The comparative is formed by adding **-er** to an adjective; the superlative by adding **-(e)st.** Many one-syllable adjectives and adverbs with the stem vowel **a, o,** or **u** have an umlaut.

Positive	Comparative	Superlative
schnell	schneller	schnellst-
lang	länger	längst-
kurz	kürzer	kürzest-

A few adjectives and adverbs have irregular comparative and superlative forms.

Positive	Comparative	Superlative
gern	lieber	liebst-
groß	größer	größt-
gut	besser	best-
hoch	höher	höchst-
nah	näher	nächst-
viel	mehr	meist-

2. The comparative of predicate adjectives and adverbs ends in **-er;** the superlative is preceded by **am** and ends in **-sten.**

> Ich esse schnell.
> Du isst schnell**er.**
> Er isst **am** schnell**sten.**

3. In the comparative and superlative, adjectives preceding nouns have the same endings under the same conditions as adjectives in the positive form.

> der gut**e** Wein   der besser**e** Wein   der beste Wein
> Ihr gut**er** Wein   Ihr besser**er** Wein   Ihr best**er** Wein
> gut**er** Wein   besser**er** Wein   best**er** Wein

4. Here are four important phrases used in comparisons:

> Gestern war es nicht **so heiß wie** heute.   . . . as hot as . . .
> Heute ist es **heißer als** gestern.   . . . hotter than . . .
> Es wird **immer heißer.**   . . . hotter and hotter.
> **Je länger** du wartest, **desto heißer** wird es.   The longer . . . , the hotter . . .
> **Je heißer, desto besser.**   The hotter, the better.

II. Relative clauses

1. Relative clauses are introduced by relative pronouns.

	masc.	neut.	fem.	plural
nom.	der	das	die	die
acc.	den	das	die	die
dat.	dem	dem	der	**denen**
gen.	**dessen**	**dessen**	**deren**	**deren**

The form of the relative pronoun depends ON THE NUMBER AND GENDER OF THE ANTECEDENT and on the FUNCTION of the relative pronoun WITHIN THE RELATIVE CLAUSE.

> ... ANTECEDENT, (preposition) RP ——————— V1, ...
> gender? number?   function?

2. The word order in the relative clause is like that of all subordinate clauses: the inflected part of the verb (V1) comes last.

> ..., RP ——————— V1, ...

Der junge Mann, **der** gerade hier **war,** studiert Theologie.
Die Universität, **an der** er **studiert,** ist schon sehr alt.

III. The future tense

1. The future consists of a present tense form of **werden** plus an infinitive.

werden ... + infinitive	
ich werde ... gehen	wir werden ... gehen
du wirst ... gehen	ihr werdet ... gehen
er wird ... gehen	sie werden ... gehen

Er wird es dir erklären.

2. The future of a sentence with a modal follows this pattern:

> **werden ...** + verb infinitive + modal infinitive

Er wird es dir erklären können.

IV. Subjunctive

English and German follow very similar patterns in the subjunctive.

If he came ...	Wenn er käme, ...
If he had come ...	Wenn er gekommen wäre, ...

German, however, has two subjunctives, the GENERAL SUBJUNCTIVE (SUBJUNCTIVE II) and the SPECIAL SUBJUNCTIVE (SUBJUNCTIVE I); the latter is primarily used in writing. The endings of both subjunctives are the same.

ich	**-e**	wir	**-en**
du	**-est**	ihr	**-et**
er	**-e**	sie	**-en**

1. Forms

a. GENERAL SUBJUNCTIVE (II)

present time or future time		past time
Based on the forms of the simple past; refers to *now / later*	Based on the forms of **werden** + infinitive; refers to *now / later*	Based on the forms of the past perfect; refers to *earlier*
er **lernte** brächte hätte wäre nähme käme	er **würde lernen** würde bringen (würde haben) (würde sein) würde nehmen würde kommen	er **hätte gelernt** hätte gebracht hätte gehabt wäre gewesen hätte genommen wäre gekommen

- In conversation, the **würde**-form is commonly used when referring to <u>present time.</u> However, avoid using the **würde**-form with **haben, sein, wissen,** and the modals.

Er **würde** es dir **erklären.**

Du **wärest** stolz darauf.

- Modals in the past-time subjunctive follow this pattern:

hätte . . . + verb infinitive + modal infinitive

Er **hätte** es dir **erklären können.**

b. SPECIAL SUBJUNCTIVE (I)

present time	future time	past time
Based on the forms of the infinitive; refers to *now / later*	Based on the forms of the future; refers to *later*	Based on the forms of the present perfect; refers to *earlier*
er **lerne** bringe habe sei nehme komme	er **werde lernen** werde bringen werde haben werde sein werde nehmen werde kommen	er **habe gelernt** habe gebracht habe gehabt sei gewesen habe genommen sei gekommen

2. Use

a. The GENERAL SUBJUNCTIVE is quite common in everyday speech and is used in the following situations.

- Polite requests or questions

    Könnten Sie mir sagen, wo die Uni ist?   *Could you tell me where the university is?*

- Hypothetical statements or questions

    Er sollte bald hier sein.   *He should be here soon.*

    Was würdest du tun?   *What would you do?*

    Was hättest du getan?   *What would you have done?*

- Wishes

Wenn ich das nur wüsste!	*If only I knew that!*
Wenn ich das nur gewusst hätte!	*If only I had known that!*
Ich wünschte, ich hätte das gewusst!	*I wish I had known that!*

- Unreal conditions

Wenn wir Geld hätten, würden wir fliegen.	*If we had the money, we'd fly.*
Wenn wir Geld gehabt hätten, wären wir geflogen.	*If we had had the money, we would have flown.*

- Indirect speech (*see* Section V)

b. The SPECIAL SUBJUNCTIVE is used primarily for indirect speech in news reports and in formal writing, unless the form of the indicative is the same as the subjunctive, in which case the general subjunctive is used.

ich komme = ich **komme** → ich **käme**

ich frage = ich **frage** → ich **würde fragen**

V. Indirect speech

The tense of the indirect statement is determined by the tense of the direct statement.

direct statement	indirect statement
present tense	→ present-time subjunctive or **würde**-form
future tense	→ **würde**-form or **werde**-form
simple past present perfect past perfect	→ past-time subjunctive

„Ich komme nicht."	Sie sagte, sie käme (komme) nicht.
	Sie sagte, sie würde nicht kommen.
„Ich werde nicht kommen."	Sie sagte, sie würde (werde) nicht kommen.
„Ich hatte keine Lust."	Sie sagte, sie hätte (habe) keine Lust gehabt.
„Ich bin nicht gegangen."	Sie sagte, sie wäre (sei) nicht gegangen.
„Ich hatte nichts davon gewusst."	Sie sagte, sie hätte (habe) nichts davon gewusst.

This is also true of questions. Remember to use **ob** when the question begins with the verb.

„Kommt sie mit?"	Er fragte, ob sie mitkäme (mitkomme).
	Er fragte, ob sie mitkommen würde.
„Wird sie mitkommen?"	Er fragte, ob sie mitkommen würde (werde).
„Wo war sie?"	Er fragte, wo sie gewesen wäre (sei).
„Warum hat sie mir nichts davon gesagt?"	Er fragte, warum sie ihm nichts davon gesagt hätte (habe).

Indirect requests require the use of **sollen.**

„Frag nicht so viel!"	Er sagte, sie sollte (solle) nicht so viel fragen.

VI. The passive voice

In the active voice, the subject of the sentence is doing something. In the passive voice, the subject is not doing anything; rather, something is being done to it.

1. Forms

werden . . . + past participle	
ich werde . . . gefragt	wir werden . . . gefragt
du wirst . . . gefragt	ihr werdet . . . gefragt
er wird . . . gefragt	sie werden . . . gefragt

2. The tenses in the passive are formed with the various tenses of **werden** + past participle.

er **wird** . . . gefragt	er **ist** . . . gefragt **worden**
er **wurde** . . . gefragt	er **war** . . . gefragt **worden**
er **wird** . . . gefragt **werden**	

Das ist uns nicht erklärt worden.

3. Modals follow this pattern:

modal . . . + past participle + infinitive of **werden**

Das muss noch einmal erklärt werden.

4. In German, the passive is often used without a subject or with **es** functioning as the subject.

Hier wird viel renoviert.

Es wird hier viel renoviert.

5. Instead of using the passive voice, the same idea may be expressed in the active voice with the subject **man.**

Man hat alles noch einmal erklärt.

VII. Review of the uses of *werden*

1. FULL VERB:	Er **wird** Arzt.	*He's going to be a doctor.*
2. FUTURE:	Ich **werde** danach **fragen.**	*I'll ask about it.*
3. SUBJUNCTIVE:	Ich **würde** danach **fragen.**	*I'd ask about it.*
4. PASSIVE:	Er **wird** danach **gefragt.**	*He's (being) asked about it.*

WORTSCHATZWIEDERHOLUNG

A. **Was ist der Artikel dieser Wörter?** Was bedeuten sie auf Englisch?

1. _____ Haushaltsgeld   _____

2. _____ Chemielabor   _____

3. _____ Zwischenprüfungsnote   _____

4. _____ Rechtsanwaltsfirma   _____

5. _____ Liebesgeschichte   _____

6. _____ Berglandschaft   _____

7. _____ Hals-Nasen-Ohrenarzt   _____

8. _____ Berufsentscheidungsproblem   _____

9. _____ Lebenserfahrung   _____

10. _____ Wintersemestervorlesungsverzeichnis _____

B. **Was passt?**

1. **Nennen Sie das Verb dazu!**

a. der Gedanke _____   e. der Versuch _____

b. der Plan _____   f. der Wunsch _____

c. der Traum _____   g. das Gebäude _____

d. der Verkäufer _____   h. die Erklärung _____

2. **Nennen Sie das Gegenteil davon!**

a. arm _____   k. abreißen _____

b. dick _____   l. aufhören _____

c. faul _____   m. schützen _____

d. furchtbar _____   n. suchen _____

e. hässlich _____   o. verbieten _____

f. hell _____   p. vergessen _____

g. langweilig _____   q. der Krieg _____

h. privat _____   r. das Nebenfach _____

i. schmutzig _____   s. die Sicherheit _____

j. schwierig _____

STRUKTURWIEDERHOLUNG

C. Vergleiche

1. **Nennen Sie den Komparativ und den Superlativ!**

   BEISPIEL   Lang   *länger, am längsten*

a. berühmt	_____	j. hübsch	_____
b. dumm	_____	k. kalt	_____
c. faul	_____	l. kurz	_____
d. gern	_____	m. nett	_____
e. groß	_____	n. sauber	_____
f. gut	_____	o. stolz	_____
g. heiß	_____	p. schwierig	_____
h. hoch	_____	q. viel	_____
i. nahe	_____	r. warm	_____

2. **Was fehlt?**

   a. Wir wohnen jetzt in einer _____ Stadt. *(smaller)*

   b. Die Umgebung ist _____ bei euch. *(more beautiful than)*

   c. Die Leute sind _____. *(more friendly)*

   d. Peter hat _____ Arbeitsstunden. *(longer)*

   e. Dafür hat er aber ein _____ Gehalt. *(higher)*

   f. Er hat auch _____ Kollegen (pl.). *(nicer)*

   g. Man gibt ihm jetzt die _____ Freiheit. *(greatest)*

   h. Sie wissen, dass er die _____ und _____ Ideen hat. *(most, best)*

   i. _____ er hier ist, _____ gefällt es ihm. *(the longer, the better)*

   j. Die Häuser kosten _____ bei euch. *(less than)*

   k. Die Lebensmittel kosten allerdings _____ bei euch. *(just as much as)*

D. Wer ist das? Bilden Sie Relativsätze!

BEISPIEL   die Dame, _____, . . . / Sie wohnt im dritten Stock.
                 Die Dame, die im dritten Stock wohnt, . . .

1. **der Freund,** _____, . . .

   a. Er war gerade hier.

   _____

   b. Du hast ihn kennengelernt.

   _____

c. Ihm gehört das Haus in der Goethestraße.

_____

d. Seine Firma ist in Stuttgart.

_____

2. **die Ärztin,** _____, . . .

a. Ihre Sekretärin hat uns angerufen.

_____

b. Sie ist hier neu.

_____

c. Wir haben durch sie von dem Programm gehört.

_____

d. Ich habe mit ihr gesprochen.

_____

3. **das Gebäude,** _____, . . .

a. Ihr werdet es bald sehen.

_____

b. Du bist an dem Gebäude vorbeigefahren.

_____

c. Es steht auf der Insel.

_____

d. Man hat von dem Gebäude einen Blick auf die Berge.

_____

4. **die Leute,** _____, . . .

a. Sie sehen aus wie Amerikaner.

_____

b. Dort steht ihr Bus.

_____

c. Die Landschaft hier gefällt ihnen so gut.

_____

d. Du hast dich für sie interessiert.

_____

e. Du hast mit ihnen gesprochen.

_____

E. Reise nach Basel Sagen Sie die Sätze in der Zukunft!

1. Wir nehmen an einer Gruppenreise teil.

_____

2. Das ist billiger.

_____

3. Ich muss ihnen das Geld bald schicken.

_____

4. Meine Tante versucht, uns in Basel zu sehen.

_____

5. Wo trefft ihr euch?

_____

6. Das muss sie mir noch sagen.

_____

F. Konjunktiv: Zu Besuch und in den Bergen

   1. **Konjunktiv der Gegenwart oder die *würde*-Form** Bilden Sie ganze Sätze im Konjunktiv!

     a. ich / mich / fühlen / besser // wenn / die / Arbeit / sein / fertig

_____

     b. das / sein / schön

_____

     c. ihr / können / uns / dann / besuchen

_____

     d. ich wünschte // Rolf / haben / mehr Zeit

_____

     e. wenn / ich / nur / können / sich gewöhnen / daran!

_____

     f. erklären / können / du / mir / das?

_____

     g. ich wünschte // er / nicht / reden / so viel am Telefon

_____

     h. was / du / tun?

_____

   2. **Konjunktiv der Vergangenheit** Bilden Sie ganze Sätze im Konjunktiv!

     a. wir / nicht / sollen / in / Berge / fahren

_____

     b. ich wünschte // sie *(sg.)* / zu Hause / bleiben

_____

     c. das / sein / einfacher

_____

     d. wenn / wir / nur / nicht / wandern / so viel!

_____

     e. wenn / du / mitnehmen / bessere Schuhe // die Füße / wehtun / dir / nicht

_____

f. du / sollen / mich / erinnern / daran

_____

g. ich / es / finden / schöner // wenn / ich / bleiben / zu Hause

_____

G. Verben Variieren Sie den Satz auf Deutsch!

Ich studiere hier.

I'll study here. I'd study there. Would you (sg. fam.) like to study there? I wish I could study *there. She could have studied there. If I study there, my German will get better. If I were to study there, I could visit you (pl. fam.). I should have studied there.*

_____

_____

_____

_____

H. Indirekte Rede Ein Brief von David aus Amerika!

„Ich habe eine nette Wohnung. Mein Mitbewohner ist aus New York. Ich lerne viel von ihm. Ich spreche nur Englisch mit ihm. Manchmal gehe ich auch zu Partys. Da lernt man leicht Leute kennen. Die meisten Studenten wohnen im Studentenwohnheim. Studentenwohnheime sind mir aber zu groß. Die Kurse und Professoren sind ausgezeichnet. Ich muss viel lesen und es gibt viele Prüfungen, aber eigentlich habe ich keine Probleme."

1. **Erzählen Sie, was David geschrieben hat!** Benutzen Sie dabei den Konjunktiv der Gegenwart *(present-time subjunctive)*!

BEISPIEL *David schrieb, er hätte eine nette Wohnung. Sein Mitbewohner wäre aus New York . . .*

_____

_____

_____

_____

_____

_____

_____

_____

2. **Was schrieb David damals über seine Zeit in Amerika?** Benutzen Sie dabei den
Konjunktiv der Vergangenheit *(past-time subjunctive)*!

BEISPIEL   *David schrieb, er hätte eine nette Wohnung gehabt. Sein Mitbewohner*
wäre aus New York gewesen . . .

_____

_____

_____

_____

_____

_____

_____

_____

I. **An der Universität ist viel los.** Wiederholen Sie die Sätze im Passiv!

1. Viele Studenten besuchen diese Universität.

_____

2. Dieses Jahr renoviert man zwei der Studentenwohnheime.

_____

3. Man baut ein neues Theater.

_____

4. In dem alten Theater hat man viele schöne Theaterstücke gespielt.

_____

5. Am Wochenende haben sie dort auch Filme gezeigt.

_____

6. In der Mensa sprach man dann darüber.

_____

7. Man wird das neue Theater am 1. Mai eröffnen.

_____

8. Man muss diesen Tag unbedingt feiern.

_____

J. Ein Jahr Deutsch! Auf Deutsch bitte!

1. *Now I have finished* (**fertig werden mit**) *my first year of German.* 2. *I've really learned a lot.* 3. *I never would have thought that that could be so much fun.* 4. *Not everything has been easy.* 5. *I had to learn many words.* 6. *Many questions had to be answered.* 7. *Soon we'll have our last exam.* 8. *Because I've always prepared (myself) well, I don't have to work so hard* (**schwer**) *now.* 9. *After the exam, we will be celebrating.* 10. *I've been invited to a party by a couple of friends.* 11. *If I had the money, I'd fly to Europe now.* 12. *Then I could visit many of the cities we read about, and I could speak German.*

_____

_____

_____

_____

_____

_____

_____

_____

_____

_____

_____

K. Was fehlt?

1. Ich finde dieses Buch am _____.
   a. interessant   b. interessanter   c. interessanten   d. interessantesten

2. Das ist der _____ Laptop.
   a. teuer   b. teurer   c. teuerste   d. teuersten

3. Den _____ Leuten gefällt es hier.
   a. meisten   b. meistens   c. am meisten   d. meiste

4. Der rote Pullover ist nicht _____ der graue Pullover.
   a. so warm wie   b. wärmer   c. am wärmsten   d. immer wärmer

5. Er ist ein _____ typisch _____ Beamt _____.
   a. -er, -er, -er   b. -en, -en, -en   c. er, -er, -er   d. —, -er, -er

6. Hast du gewusst, dass Andreas _____ Schweizer ist?
   a. ein   b. einen   c. —

7. Ist Karin _____?
   a. ein Beamter   b. der Beamte   c. Beamtin

8. Das sind die Geschäftsleute, von _____ er gesprochen hat.
   a. die   b. wem   c. deren   d. denen

9. Da drüben ist das Gebäude, in _____ mein Büro ist.
   a. das   b. der   c. dem   d. denen

10. Ist das der Krimi, _____ dir so gut gefallen hat?
    a. der   b. dem   c. den   d. wer

11. Kennen Sie eine Rechtsanwältin, mit _____ ich darüber sprechen kann?
    a. wem   b. der   c. dem   d. denen

12. Wie heißt die Professorin, _____ Biologiekurs dir so gut gefallen hat?
    a. der   b. deren   c. dessen   d. denen

13. Wenn wir Veras Telefonnummer hätten, _____ wir sie einladen.
    a. werden   b. wollen   c. würden   d. wären

14. Ich wünschte, ich _____ mit euch ins Kino gehen.
    a. kann   b. konnte   c. könnte   d. kannte

15. Wenn wir am Wochenende Zeit haben, _____ wir aufs Land.
    a. fahren   b. fuhren   c. führen   d. würden

16. Wenn er mich nur helfen _____!
    a. ließe   b. ließ   c. läse   d. las

17. Wenn du früher ins Bett _____, wärest du nicht so müde.
    a. gehst   b. gingst   c. gingest   d. gehest

18. Sie sagte, sie _____ ihr Auto am Dom geparkt.
    a. hat   b. hatte   c. hätte   d. würde

19. Ich wünschte, ich _____ früher aufgestanden.
    a. war   b. wäre   c. habe   d. hätte

20. Das hättest du mir wirklich sagen _____.
    a. kannst   b. könntest   c. gekonnt   d. können

21. Diese Burg ist im 18. Jahrhundert zerstört _____.
    a. würde   b. wird   c. geworden   d. worden

22. Erika ist endlich wieder gesund _____.
    a. würde   b. wurde   c. geworden   d. worden

23. Dieses Gebäude wird nächstes Jahr renoviert _____.
    a. werden   b. geworden   c. worden   d. wurde

24. Das _____ uns nicht gut erklärt worden.
    a. wird   b. ist   c. hat   d. sein

25. _____ ihr Deutsch belegen?
    a. Wird   b. Würde   c. Werdet   d. Wirst

26. Die Rechnung muss noch bezahlt _____.
    a. sein   b. werden   c. worden   d. wurden

Answer Key: Rückblicke

SCHRITTE

A. 1i, 2l, 3g, 4a, 5n, 6b, 7k, 8e, 9o, 10c, 11q, 12d, 13p, 14j, 15h, 16r, 17m, 18f

B. 1c, 2b, 3c, 4b, 5c, 6a

C. 1. Guten Morgen! Bitte öffnen Sie das Buch auf Seite 10!   2. Verstehen Sie das?   3. Ja, aber lesen Sie bitte langsam!   4. Wie ist das Wetter?   5. Es regnet, nicht wahr?   6. Nein, die Sonne scheint.   7. Wirklich? Das finde ich wunderbar.   8. Wie spät ist es?   9. Es ist Viertel vor zwölf.   10. Danke! — Bitte (schön)!   11. Wann essen Sie?   12. Um halb eins. Auf Wiedersehen! / Tschüss!

Kapitel 1–3

A. 1. verkaufen   2. sagen / antworten   3. gehen   4. südlich   5. im Osten   6. geschlossen / zu   7. nichts   8. teuer   9. dünn   10. klein   11. langsam   12. furchtbar

B. 1. die   2. das   3. der   4. die   5. die   6. die   7. das   8. der   9. der

C. 1. Familie   2. Abendessen   3. Löffel   4. Obst   5. Gemüse   6. Großvater, Onkel   7. Bleistift, Kuli, Papier   8. Mantel, Jacke   9. die Mensa   10. das Café   11. das Kleidergeschäft / das Kaufhaus

D. 1. Wir trinken Saft. Trinkt ihr Saft? Sie trinkt keinen Saft.
2. Ich antworte den Leuten. Sie antworten den Leuten. Antwortet sie den Leuten? Antworten Sie den Leuten! Antworten Sie den Leuten nicht! Warum antwortet ihr den Leuten nicht?
3. Sie fahren nach Stuttgart. Warum fährt sie nach Stuttgart? Ich fahre nicht nach Stuttgart. Fahrt ihr nach Stuttgart? Fahren Sie nach Stuttgart! Fahren Sie nicht nach Stuttgart!
4. Wer isst Fisch? Esst ihr Fisch? Sie essen keinen Fisch. Essen Sie Fisch!
5. Ich werde müde. Sie wird nicht müde. Werden Sie nicht müde! Wer wird müde? Wir werden auch müde.
6. Ich habe Hunger. Habt ihr Hunger? Wer hat Hunger? Sie haben Hunger. Sie haben keinen Hunger. Wir haben Hunger.
7. Ihr seid sehr groß. Sie sind nicht sehr groß. Ich bin sehr groß. Ist er nicht groß?

E. 1. Herr Schmidt ist Österreicher. Nein, er ist aus der Schweiz. Ist Frau Bayer Österreicherin? Sie ist auch nicht Österreicherin. Sie sagen, Frau Klein ist Amerikanerin. Joe ist auch Amerikaner.
2. Hier gibt es einen Fluss (ein Restaurant, keine Mensa, keinen See). Hier gibt es Berge (Bäckereien, Seen, keine Geschäfte, keine Cafés).
3. Wem gehört das Geschäft? Was gehört dem Großvater? Sie sagt, es gehört nicht dem Bruder. Es gehört nicht der Tante.
4. Was bringt er der Freundin? Wem bringt er Blumen? Wer bringt Blumen? Warum bringt er Blumen? Bringt er der Freundin keine Blumen? Sie bringen den Kindern ein paar Plätzchen. Bringt sie den Freunden eine Flasche Wein? Er bringt den Nachbarn Äpfel. Ich bringe den Schwestern ein paar Bücher.

F. durch die Stadt / das Kaufhaus / den Supermarkt

für den Kuchen / den Vater / den Jungen / die Eltern / die Familie

gegen die Leute / das Restaurant / die Bedienung / den Ober / die Menschen

ohne das Essen / die Speisekarte / den Pudding / den Herrn / die Geschwister

um das Geschäft / den Markt / die Mensa / den Tisch

aus der Flasche / den Gläsern / dem Supermarkt / der Bäckerei / dem Café

außer dem Bruder / den Eltern / der Schwester / den Leuten / dem Studenten

bei dem Supermarkt / der Apotheke / dem Nachbarn / der Familie

mit dem Herrn / der Freundin / dem Löffel / dem Messer / der Gabel

nach dem Frühstück / dem Mittagessen / der Vorlesung / dem Kaffee

seit dem Abendessen / dem Frühling / der Zeit

von dem Ober / der Tante / den Kindern / der Mutter / der Studentin

zu dem Restaurant / der Mensa / dem Markt / der Apotheke

G. 1. Heute gibt es keinen Schokoladenpudding. 2. Der Junge hilft dem Vater nicht. 3. Ich sehe den Ober nicht. 4. Ich habe kein Messer. 5. Wir brauchen heute keine Milch. 6. Wir gehen nicht nach Hause. 7. Wir haben / Ich habe keine Rindsrouladen. 8. Er trinkt keinen Kaffee. 9. Sie isst nicht gern Eis. 10. Max ist nicht mein Freund. 11. Ich habe keinen Durst. 12. Heute ist es nicht sehr kalt.

H. 1. von der, zur, zum 2. zum 3. für die 4. aus 5. nach, für die, für den, für die 6. Um, zu 7. Zum 8. Nach dem 9. Um, mit den, zur 10. Bei den, mit 11. Nach dem, durch die, nach 12. ohne die 13. nach dem, seit 14. Um

I. 1d, 2a, 3a, 4b, 5c, 6b, 7c, 8a, 9c, l0b, 11d, 12b, 13a, 14d, 15d, 16d, 17b, 18b, 19d, 20d

J. 1. Herr und Frau Schmidt kommen zum Abendessen. 2. Axel und ich helfen zu Hause. 3. Er trägt die Teller und ich trage die Messer und Gabeln. 4. Was gibt's zum Nachtisch, Pudding oder Eis? 5. Ich habe keinen Pudding und kein Eis. 6. Aber ich möchte (gern) etwas zum Nachtisch! 7. Sie essen nicht gern Nachtisch. 8. Ach du meine Güte, sie sind schon hier!

Kapitel 4–7

A. 1. der Eingang 2. die Nacht 3. fragen 4. laufen / zu Fuß gehen 5. Pech haben 6. vermieten 7. aufmachen 8. jung / neu 9. unbequem 10. wunderbar / prima / toll 11. geschlossen / zu 12. dunkel 13. da / dort 14. nie 15. schwer 16. rechts 17. laut 18. schmutzig 19. oben 20. nah

B. 1. der Ausweis, -e 2. die Bank, -en 3. die Bibliothek, -en 4. das Fest, -e 5. der Garten, = 6. der Gast, =e 7. der Gasthof, =e 8. das Haus, =er 9. das Lied, -er 10. der Koffer, - 11. die Nacht, =e 12. das Radio, -s 13. die Reise, -n 14. der Sessel, - 15. die Tasche, -n 16. der Weg, -e

C. 1. bno 2. hmt 3. f 4. ab 5. dgqs 6. ir 7. b 8. l 9. cps 10. kl

D. 1. wissen 2. Kennst 3. Kennt 4. kenne, weiß 5. Weißt

E. 1. Tun Sie / Tut / Tu . . . ! 2. Stellen Sie / Stellt / Stell . . . ! 3. Gehen Sie / Geht / Geh . . . ! 4. Sprechen Sie / Sprecht / Sprich . . . ! 5. Lassen Sie / Lasst / Lass . . . !

6. Nehmen Sie / Nehmt / Nimm . . . mit! 7. Essen Sie / Esst / Iss . . . ! 8. Bleiben Sie / Bleibt / Bleib . . . ! 9. Fahren Sie / Fahrt / Fahr . . . !

F. 1. Wohin seid ihr gegangen? — Wir sind zum Museum gefahren. 2. Was hast du heute gemacht? — Ich habe meinen Koffer gepackt. 3. Wie habt ihr seinen Geburstag gefeiert? — Wir haben ihn mit einer Party überrascht. 4. Wie hat Ihnen die Landshuter Hochzeit gefallen? — Sie hat mir viel Spaß gemacht. 5. Haben Sie die Wohnung vermietet? — Ja, eine Studentin hat sie genommen. 6. Hast du gewusst, wo der Scheck gewesen ist? — Ja, er hat auf dem Schreibtisch gelegen. 7. Wie lange hat die Party gedauert? — Sie ist um 12.00 Uhr vorbei gewesen. 8. Wo sind Paula und Robert gewesen? — Sie haben eingekauft.

G. 1. Dürfen wir das Geschenk aufmachen? Wir wollen es aufmachen. Ich kann es nicht aufmachen. Er muss es aufmachen. Warum soll ich es nicht aufmachen? Möchtest du / Möchtet ihr / Möchten Sie es aufmachen? 2. Ich bin gestern angekommen. Sie kommt heute an. Wann kommen sie an? Wann ist er angekommen? Kommt er auch an? Ich weiß, dass sie morgen nicht ankommen. Sie sollen übermorgen ankommen. Ist sie schon angekommen? 3. Er fragt Sie. Sie fragt ihn. Fragen sie uns? Ja, sie fragen dich. Wir fragen euch. Fragt sie nicht! Hast du sie gefragt? Haben sie dich nicht gefragt? Habt ihr mich gefragt? 4. Ihm gefällt unser Museum. Gefällt Ihnen dieses Museum? Ihnen gefällt ihr Museum nicht. Welches Museum gefällt dir? Mir gefällt so ein Museum. / So ein Museum gefällt mir. Warum gefallen euch keine Museen? Mir haben solche Museen nie gefallen. Ihm gefällt jedes Museum. 5. Es tut ihr leid. Es tut ihm nicht leid. Tut es dir / euch / Ihnen leid? Es hat mir leid getan. Es hat ihnen leid getan.

H. 1. vor dem / das Haus; in dem (im) / in das (ins) Gästezimmer; neben dem / das Sofa; hinter dem / den Sessel; unter dem (unterm) / unter den Tisch; zwischen dem / den Stuhl und dem / das Bett 2. neben die / der Gabel; auf den / dem Teller; in die / der Küche; in das (ins) / in dem (im)

Esszimmer; zwischen die / der Butter und den / dem Käse

I. 1. Ich lerne Deutsch, weil meine Großeltern aus Deutschland sind.
2. Sie möchte wissen, ob du schon einmal in Deutschland gewesen bist.
3. Ich sage ihr, dass ich im Sommer dort gewesen bin.
4. Ich möchte gern wieder einmal nach Deutschland, aber so eine Reise ist nicht billig.
5. Braucht man Hotelreservierungen, wenn man nach Deutschland fährt?
6. Obwohl man keine Reservierung braucht, hat es manchmal lange gedauert, bis ich ein Zimmer gefunden habe.
7. Einmal habe ich bei einer Kusine übernachtet und eine Nacht habe ich im Zug geschlafen.
8. Man muss alles gut planen, wenn man nach Deutschland fahren möchte.

J. 1. aber 2. aber 3. sondern 4. aber 5. sondern

K. 1. Am 2. mit dem 3. aufs 4. in einem 5. auf einem 6. in den 7. durch den 8. an einen / zu einem 9. unter einen 10. in dem (im) 11. aus dem 12. zwischen den 13. unter dem 14. auf der 15. hinter dem 16. in der 17. in die 18. auf die 19. zwischen die 20. unter den 21. mit der 22. zu dem (zum) 23. in das (ins) 24. mit den 25. aus den 26. aus der 27. aus dem 28. aus der

L. 1c, 2b, 3c, 4c, 5b, 6b, 7b, 8a, 9a, 10b, 11a, 12a, 13a, 14c, 15c, 16b, 17b, 18b, 19a, 20a, 21b, 22d, 23b, 24b, 25d

M. 1. Wie gefallen euch eu(e)re Zimmer?
2. Mir gefällt mein Zimmer. / Mein Zimmer gefällt mir. 3. Man kann nicht nur die Stadt sehen, sondern auch den See.
4. Wisst ihr, dass mein Zimmer sogar einen Fernseher hat? 5. Welches Zimmer hast du? 6. Sieh da drüben, das Zimmer neben dem Eingang! 7. Was machen / tun wir jetzt? 8. Nichts. Ich muss mit eu(e)rem Vater sprechen. 9. Und ihr müsst ins Bett (gehen), weil wir morgen früh aufstehen müssen / denn morgen müssen wir früh aufstehen. 10. Wir sitzen nur im Auto und dürfen nichts machen / tun. 11. Wohin wollt ihr (gehen)? 12. Ich kenne ein Hotel am See, wo man tanzen kann. 13. Wann kommt ihr zurück? 14. Wann sollen wir zurückkommen? 15. Wo sind die Autoschlüssel? 16. Gib sie mir! 17. Hast du meine Schlüssel gesehen? 18. Wer hat sie zuletzt gehabt? 19. Ich habe sie nicht genommen. 20. Wo bist du zuletzt gewesen?—Ich weiß nicht.

Kapitel 8–11

A. 1. a. die Fahrt b. der Flug c. der Maler / das Gemälde d. das Geschenk e. die Sprache f. der Verkäufer / der Verkauf g. der Freund h. die Woche i. der Sport j. die Liebe
2. a. mit dem Wagen b. in einer halben Stunde c. anfangen d. zu Fuß gehen e. anrufen f. herrlich / fantastisch / toll
3. a. aussteigen b. verlieren c. lachen d. sich ausziehen e. sich freuen f. aufstehen g. faul h. krank i. hässlich j. langweilig k. schwer l. traurig

B. 1. gewinnen 2. hässlich 3. verschieden 4. das Gemälde 5. gewöhnlich

D. 1. Halten Sie sich fit? Sie halten sich nicht fit. Wie hat sie sich fit gehalten? Halte dich / Haltet euch / Halten Sie sich fit! Ich möchte mich fit halten. Wir müssen uns fit halten. Wir mussten uns fit halten.
2. Wir erkälten uns wieder. Erkälte dich / Erkältet euch / Erkälten Sie sich nicht wieder! Sie haben sich wieder erkältet. Sie möchte / will sich nicht wieder erkälten. Wir hatten uns wieder erkältet. Warum erkältest du dich immer? Sie haben sich immer erkältet.

E. 1. Du musst dich anziehen. 2. (Zu)erst möchte / will ich mich duschen und mir die Haare waschen. 3. Und du musst dich rasieren. 4. Warum beeilt ihr euch nicht? 5. Hört euch das an! 6. Er hat sich geärgert und sich hingesetzt.

G. 1. ein Geschenk zu kaufen 2. ihm zu schreiben 3. ein Buch anzufangen 4. alle einzuladen 5. früh aufzustehen 6. immer aufzupassen 7. sich fit zu halten 8. eine Sprache zu lernen

H. 1. Wohin seid ihr gegangen?—Wir haben Onkel Willi besucht.
2. Was hast du heute gemacht?—Ich bin schwimmen gegangen.
3. Wie hat Ihnen das Stück gefallen?—Es ist wirklich ausgezeichnet gewesen.

4. Warum hat sie sich so beeilt?—Die Vorstellung hat um acht angefangen.

5. Hast du gewusst, dass er ein sehr guter Schwimmer (gewesen) ist? — Nein, er hat nicht viel von sich gesprochen.

I. 1. Wir hatten damals nicht daran gedacht. 2. Daniela und Yvonne waren zum Schwimmbad gegangen.   3. Wir hatten uns warm angezogen.   4. Er hatte mir das schon zweimal versprochen.   5. Das Auto war plötzlich stehen geblieben.   6. Das war nicht so lustig gewesen.   7. Aber das hatte er verdient.

J. 1. -en, -en, -en, -e   2. -es, -er   3. -en, -en   4. -e, -er   5. -e, -e   6. -en, -en, —   7.-e, -en, -en, -en   8. —, -en, —, -e, -e, -e   9. -e, -e   10. -en, -e   11.-e, -en, -er, -es, -es, -en, -e   12. -e, -es, -es, -en   13. -en, -en, -en, -en, —   14. -er, —, -er

K. 1. gingen . . . aus   2. versuchten, waren   3. wollten, konnten   4. kamen, gab   5. war   6. lief   7. gefiel, war   8. lachte, hören konnte   9. kamen, sahen   10. aßen, tranken   11. bummelten

L. 1. Als   2. wann   3. wenn   4. Als   5. wenn   6. wann

M. 1. das Ende des Wortes   2. die Farbe uns(e)res Autos   3. der Sohn meines Onkels   4. der Eingang eu(e)res Hauses   5. der Name des Komponisten   6. der Wunsch aller Kinder   7. die Taschen mancher Frauen   8. Beethovens Musik   9. Bertolt Brechts Stück   10. die Märchen der Brüder Grimm

N. 1. Worauf / Darauf; Worin / Darin; Woran / Daran; Wozu / Dazu; Wofür / Dafür; Wodurch / Dadurch; Worüber / Darüber; Wovor / Davor; Wobei / Dabei   2. a. Woran, An meine b. Wovon, Von einem c. Wovon, Von meinen d. Worauf, Auf einen, darauf e. von ihren, Davon f. an deine, an sie g. über den, Worüber h. für, dafür i. für, für sie

O. 1. übermorgen; nach dem Abendessen; sonntags; morgen früh; um halb fünf / um 4.30 Uhr; in 15 Minuten / in einer Viertelstunde; Montagmorgen; am Dienstag; im Februar; am Wochenende; am Abend; im Herbst; meistens; manchmal; jedes Jahr; jetzt; nie; eines Tages

2. von März bis Mai; bis Mittwoch; bis Freitagnachmittag; bis Viertel vor elf / 10.45 Uhr; monatelang; einen Tag

P. 1. Ihre Eltern lebten jahrelang in der Nähe von Riesa.

2. Renate hat mit anderen Mädchen in einem Schülerheim in Dresden gewohnt.

3. Am Wochenende konnte sie nicht einfach nach Hause fahren.

4. Sie hatte keine Zeit, stundenlang mit der Bahn zu fahren.

5. Dafür ist sie während der Ferien gewöhnlich zu Hause geblieben.

6. Ihre Schule soll nicht leicht gewesen sein.

7. Sie musste jeden Tag schwer arbeiten.

8. Manchmal hat sie (stundenlang) mit ihrer Freundin (stundenlang) Klavier gespielt.

9. Renate hatte sich schon immer für klassische Musik interessiert.

10. Wir haben uns eines Tages bei einem Musikwettbewerb in Weimar kennengelernt.

Q. 1. -en, -en   2. -en, -e, -en, -en, -en   3. -en, -e, -en, -en   4. -es, -er   5. -en, -en, -e, -en   6. -e   7. -er, -e

R. 1b, 2c, 3d, 4d, 5c, 6a, 7d, 8b, 9b, 10a, 11a, 12a, 13b, 14b, 15c, 16b, 17d, 18a, 19b, 20b, 21d, 22c, 23c, 24c, 25b, 26b, 27b, 28a/c, 29a, 30c

S. 1. Kurt, woran denkst du?—An meine Ferien.   2. Ich möchte mit Karl in den Bergen wandern.   3. Ich habe ihm / an ihn geschrieben und jetzt warte ich auf seinen Brief.   4. Darauf kannst du lang warten.   5. Wenn er ja sagt, bedeutet das / es nicht viel.   6. Vor zwei Jahren ist es genauso gewesen.   7. Als du die Karten gekauft hattest, wurde er plötzlich krank.   8. Er hatte sich wieder erkältet.   9. Wenn du möchtest, komme ich mit.   10. Hast du Lust, in den Bergen zu wandern?—Gern.   11. Wann können wir fahren?—Am ersten Tag der Ferien / Ferientag.   12. Wie fahren wir?—Mit dem Zug.   13. Wo übernachten wir?—In billigen Jugendherbergen.   14. Kannst du die Kamera deines Vaters / von deinem Vater mitbringen?   15. Nein, seine Kamera ist zu teuer; sie kann kaputt gehen.   16. Vielleicht nehme ich Susis Kamera. Ihre Kamera ist auch gut.

Kapitel 12–15

A. 1. das; *housekeeping money*   2. das; *chemistry lab*   3. die; *grade for the intermediate qualifying exam*   4. die; *law firm*   5. die; *love story*   6. die; *mountain scenery*   7. der;

ear-nose-and-throat specialist / doctor
8. das; *problem in deciding on a profession*
9. die; *life experience* 10. das; *winter semester course catalog / class schedule*

B. 1. a. denken   b. planen   c. träumen
      d. verkaufen   e. versuchen   f. wünschen
      g. bauen   h. erklären
   2. a. reich   b. dünn   c. fleißig   d. wunderbar /
      fanastisch / toll / prima   e. hübsch /
      schön   f. dunkel   g. interessant
      h. öffentlich   i. sauber   j. leicht
      k. (auf)bauen   l. anfangen / beginnen
      m. schaden   n. finden   o. erlauben
      p. sich erinnern an   q. der Frieden   r. das
      Hauptfach   s. die Unsicherheit

C. 1. a. berühmter, am berühmtesten
      b. dümmer, am dümmsten   c. fauler, am
      faulsten   d. lieber, am liebsten   e. größer,
      am größten   f. besser, am besten
      g. heißer, am heißesten   h. höher, am
      höchsten   i. näher, am nächsten
      j. hübscher, am hübschesten   k. kälter, am
      kältesten   l. kürzer, am kürzesten
      m. netter, am nettesten   n. sauberer, am
      saubersten   o. stolzer, am stolzesten
      p. schwieriger, am schwierigsten   q. mehr,
      am meisten   r. wärmer, am wärmsten
   2. a. kleineren   b. schöner als   c. freundlicher
      d. längere   e. höheres   f. nettere
      g. größte   h. meisten, besten   i. Je länger,
      desto besser   j. weniger als   k. genauso
      viel wie

D. 1. **der Freund, . . .**   a. der gerade hier war;
      b. den du kennengelernt hast;   c. dem das
      Haus in der Goethestraße gehört;
      d. dessen Firma in Stuttgart ist
   2. **die Ärztin, . . .**   a. deren Sekretärin uns
      angerufen hat;   b. die hier neu ist;
      c. durch die wir von dem Programm
      gehört haben;   d. mit der ich gesprochen
      habe
   3. **das Gebäude, . . .**   a. das ihr bald sehen
      werdet;   b. an dem du vorbeigefahren
      bist;   c. das auf der Insel steht;   d. von
      dem man einen Blick auf die Berge hat
   4. **die Leute, . . .**   a. die wie Amerikaner
      aussehen;   b. deren Bus dort steht;
      c. denen die Landschaft hier so gut gefällt;
      d. für die du dich interessiert hast;   e. mit
      denen du gesprochen hast

E. 1. Wir werden an einer Gruppenreise
      teilnehmen.   2. Das wird billiger sein.
      3. Ich werde ihnen das Geld bald schicken

müssen.   4. Meine Tante wird versuchen,
uns in Basel zu sehen.   5. Wo werdet ihr
euch treffen?   6. Das wird sie mir noch sagen
müssen.

F. 1. a. Ich würde mich besser fühlen, wenn die
      Arbeit fertig wäre.   b. Das wäre schön.
      c. Ihr könntet uns dann besuchen.
      d. Ich wünschte, Rolf hätte mehr Zeit.
      e. Wenn ich mich nur daran gewöhnen
      könnte!   f. Könntest du mir das
      erklären?   g. Ich wünschte, er redete nicht
      so viel am Telefon (würde . . . reden).
      h. Was tätest du (würdest du tun)?
   2. a. Wir hätten nicht in die Berge fahren
      sollen.   b. Ich wünschte, sie wäre zu
      Hause geblieben.   c. Das wäre einfacher
      gewesen.   d. Wenn wir nur nicht so viel
      gewandert wären!   e. Wenn du bessere
      Schuhe mitgenommen hättest, hätten dir
      die Füße nicht wehgetan.   f. Du hättest
      mich daran erinnern sollen.   g. Ich hätte
      es schöner gefunden, wenn ich zu Hause
      geblieben wäre.

G. Ich werde hier studieren. Ich würde dort
studieren. Möchtest du dort / Würdest du dort
gern studieren? Ich wünschte, ich könnte dort
studieren. Sie hätte dort studieren können.
Wenn ich dort studiere, wird mein Deutsch
besser (werden). Wenn ich dort studierte /
studieren würde, könnte ich euch besuchen.
Ich hätte dort studieren sollen.

H. 1. David schrieb, er hätte eine nette Wohnung.
      Sein Mitbewohner wäre aus New York.
      Er lernte (würde . . . lernen) viel von ihm.
      Er spräche (würde . . . sprechen) nur Englisch
      mit ihm. Manchmal ginge (würde . . .
      gehen) er auch zu Partys. Da würde man
      leicht Leute kennenlernen. Die meisten
      Studenten wohnten (würden . . . wohnen) im
      Studentenwohnheim. Studentenwohnheime
      wären ihm aber zu groß. Die Kurse und
      Professoren wären ausgezeichnet. Er müsste
      viel lesen und es gäbe (würde . . . geben)
      viele Prüfungen, aber eigentlich hätte er
      keine Probleme.
   2. David schrieb, er hätte eine nette Wohnung
      gehabt. Sein Mitbewohner wäre aus New
      York gewesen. Er hätte viel von ihm
      gelernt. Er hätte nur Englisch mit ihm
      gesprochen. Manchmal wäre er auch zu
      Partys gegangen. Da hätte man leicht Leute
      kennengelernt. Die meisten Studenten
      hätten im Studentenwohnheim gewohnt.
      Studentenwohnheime wären ihm aber zu

Answer Key: Rückblicke   **225**

groß gewesen. Die Kurse und Professoren wären ausgezeichnet gewesen. Er hätte viel lesen müssen und es hätte viele Prüfungen gegeben, aber eigentlich hätte er keine Probleme gehabt.

I. 1. Diese Universität wird von vielen Studenten besucht. 2. Dieses Jahr werden zwei der Studentenwohnheime renoviert. 3. Ein neues Theater wird gebaut. 4. In dem alten Theater sind viele schöne Theaterstücke gespielt worden. 5. Am Wochenende sind dort auch Filme gezeigt worden. 6. In der Mensa wurde dann darüber gesprochen. 7. Am 1. Mai wird das neue Theater eröffnet werden. 8. Dieser Tag muss gefeiert werden.

J. 1. Jetzt bin ich mit meinem ersten Jahr Deutsch fertig geworden. 2. Ich habe wirklich viel gelernt. 3. Ich hätte nie gedacht, dass das so viel Spaß machen könnte. 4. Nicht alles war leicht (ist . . . gewesen). 5. Ich musste viele Wörter lernen. 6. Viele Fragen mussten beantwortet werden. 7. Bald haben wir uns(e)re letzte Prüfung. 8. Weil ich mich immer gut vorbereitet habe, muss ich jetzt nicht so schwer arbeiten. 9. Nach der Prüfung wird gefeiert / werden wir feiern. 10. Ich bin von ein paar Freunden zu einer Party eingeladen worden. 11. Wenn ich (das) Geld hätte, würde ich jetzt nach Europa fliegen. 12. Dann könnte ich viele der Städte besuchen, worüber wir gelesen haben, und ich könnte Deutsch sprechen.

K. 1d, 2c, 3a, 4a, 5d, 6c, 7c, 8d, 9c, 10a, 11b, 12b, 13c, 14c, 15a, 16a, 17c, 18c, 19b, 20d, 21d, 22c, 23a, 24b, 25c, 26b